BAYERISCHE AKADEMIE DER WISSENSCHAFTEN
PHILOSOPHISCH-HISTORISCHE KLASSE

SITZUNGSBERICHTE · JAHRGANG 2000, HEFT 4

KNUT BORCHARDT

Max Webers Börsenschriften: Rätsel um ein übersehenes Werk

Vorgetragen in der Sitzung
vom 5. November 1999

MÜNCHEN 2000
VERLAG DER BAYERISCHEN AKADEMIE DER WISSENSCHAFTEN
In Kommission bei der C. H. Beck'schen Verlagsbuchhandlung München

ISSN 0342-5991
ISBN 3 7696 1610 3

© Bayerische Akademie der Wissenschaften München, 2000
Druck der C. H. Beck'schen Buchdruckerei Nördlingen
Gedruckt auf säurefreiem, alterungsbeständigem Papier
(hergestellt aus chlorfrei gebleichtem Zellstoff)

I.

Ich möchte die Fertigstellung des von meiner Mitarbeiterin in der Kommission für Sozial- und Wirtschaftsgeschichte Frau Dr. Meyer-Stoll und mir herausgegebenen Bandes „Börsenwesen" der Max Weber-Gesamtausgabe (MWG)[1] zum Anlass nehmen, über einige Probleme zu sprechen, die sich mir bei der Arbeit an diesem Frühwerk Webers ergeben haben. Ich tue das auch in der Hoffnung, nicht nur die vielen Weber-Kenner in unserem Kreis zu einem Gedankenaustausch anzuregen. Möglicherweise sind einige von Ihnen bei der Aufarbeitung der Geschichte anderer Wissenschaften auf ähnliche Rätsel gestoßen und mögen dann in der Diskussion davon berichten.

Doch möchte ich zunächst die Gelegenheit nützen, die Max Weber-Gesamtausgabe und die bisher erschienenen Bände kurz vorzustellen. Bekanntlich ist die Kommission für Sozial- und Wirtschaftsgeschichte der Bayerischen Akademie der Wissenschaften Trägerin der seit 1984 erscheinenden historisch-kritischen Gesamtausgabe der Werke und Briefe Max Webers. Das Unternehmen hat, nicht zuletzt wegen seiner (zugegeben: erheblichen) Kosten,[2] nicht nur Zustimmung gefunden. Tatsächlich sind die nach landläufiger Meinung wichtigsten Schriften Webers dank der von Marianne Weber besorgten Editionen und insbesondere der z.T. mehrfach wieder abgedruckten Aufsatzsammlungen als solche durchaus zugänglich.[3] Es ist auch nur ein relativ kleiner Nachlass an Manuskripten, speziell von Briefen und

---

* Ich danke Cornelia Meyer-Stoll auch für ihre Hilfe bei der Herstellung der Vorlage für den Druck.

[1] *Max Weber*, Börsenwesen. Schriften und Reden 1893–1898, hrsg. v. Knut Borchardt in Zusammenarbeit mit Cornelia Meyer-Stoll (Max Weber-Gesamtausgabe, Band I/5), Tübingen, J.C.B. Mohr (Paul Siebeck) 1. Halbband 1999, 2. Halbband 2000. Nachfolgend zitiert als MWG I/5.

[2] Alsbald nach Erscheinen der Bände der MWG publiziert der Verlag regelmäßig billige Studienausgaben, so daß die Edition im Prinzip auch Käufern mit geringem Budget zugänglich ist.

[3] Werkverzeichnis Max Webers einschließlich der Wiederabdrucke bis 1979 in: *Käsler, Dirk*, Einführung in das Studium Max Webers, München 1979, S. 249ff.

Vorlesungsnotizen, erhalten. Wilhelm Hennis hat gerade erst wieder geschrieben, die Ausgabe sei als „Kind des Kalten Krieges", „als Kontrastprogramm zur Marx-Engels-Edition" gezeugt.[4] Das missdeutet gewiss die Motive der Väter des Unternehmens. Doch kann nicht geleugnet werden, dass der Gedanke, der Welt neben Karl Marx auch Max Weber in einer großen Ausgabe zu präsentieren, die Durchsetzung der Ideen der Herausgeber erleichtert hat. Wenn ich recht sehe, sind die erschienenen Bände glücklicherweise nicht nur als Beiträge zu einer Tat der Kulturpropaganda positiv, ja z.T. gar enthusiastisch aufgenommen worden. Das gilt verständlicherweise vor allem für die Edition der Briefe.[5] Aber auch die bislang publizierten Bände der Abteilung „Schriften und Reden" haben ein bemerkenswertes Echo gefunden. Wenn dies auch nicht in jedem Fall an der Neuheit oder der jetzt besseren Zugänglichkeit von einstmals verstreut gedruckten Weber-Texten lag, so doch in aller Regel an der Arbeit der jeweiligen Bandherausgeber. Deren Einleitungen, Editorische Berichte und Anmerkungsapparate sind zumeist Ergebnis intensiver Forschungen. Die Editoren haben den wissenschaftsgeschichtlichen und zeitgeschichtlichen Hintergrund der Schriften und Reden ausgeleuchtet und sie berichten, was sie über die Entstehung der Texte ermitteln konnten. Dadurch wurden die Texte nicht nur besser erschlossen,[6] sondern es ergaben sich auch beachtliche Ergänzungen und gelegentlich deutliche Korrekturen des von Marianne Weber entworfenen, freilich noch immer unentbehrlichen „Lebensbildes" ihres Mannes.[7] Ich gehe vermutlich nicht fehl in der Annahme,

---

[4] *Hennis, Wilhelm,* Suchet der Stadt Bestes, wenn's ihr wohl geht, so geht's euch auch wohl, in: Frankfurter Allgemeine Zeitung, 2. Oktober 1999, S. 46, Sp. 1. Ähnlich schon ders., Ein Kampf um Weber, in: Frankfurter Allgemeine Zeitung, 11. April 1995, S. L 23, Sp. 5.

[5] Die Herausgeber des ersten erschienenen Briefbandes (MWG II/5) M. Rainer Lepsius und Wolfgang J. Mommsen erhielten für ihre Leistung 1991 den Europäischen Amalfi Preis für Soziologie und Sozialwissenschaften.

[6] Zur Erschließung tragen ebenfalls die zumeist tief gegliederten Sachregister bei. In ihnen findet insbesondere auch Webers charakteristische Ausdrucksweise und Begrifflichkeit Berücksichtigung.

[7] *Weber, Marianne,* Max Weber. Ein Lebensbild, Tübingen 1926. (Nachfolgend zitiert *Weber, Marianne,* Lebensbild.) Zu den Mängeln der Biographie, aber auch ihrer

dass ohne das Ziel einer Gesamtausgabe weit weniger systematisch an Webers Werk und seiner intellektuellen Biographie gearbeitet worden wäre. Wir wüssten nicht einmal, welche großen Lükken unsere Kenntnis von Max Weber noch hatte, ja immer noch hat. Und damit bin ich bei meinem Thema. Gäbe es nicht die Gesamtausgabe und damit die Verpflichtung, auch die von 1894 bis 1897[8] während seiner Freiburger Zeit entstandenen Schriften und Reden über Börsenfragen zu edieren, hätte sich vermutlich auch weiterhin niemand mit diesem Komplex und seiner Einordnung in Webers Leben und Werk systematisch beschäftigt. Diese Vermutung gründet sich auf die Beobachtung, dass bis heute in der umfangreichen Sekundärliteratur zu Weber nicht ein einziger Aufsatz, geschweige denn eine Monographie zu finden ist, die sich mit einem oder gar mehreren dieser Texte befasste! Der hier abgedruckte Vortrag ist gleichsam eine Welturaufführung.

Friedrich Meinecke hat 1922 geschrieben, Webers „Schaffen und Wirken" sei „eine Reihenfolge gewaltiger Eruptionen" gewesen.[9] Auch die Börsenschriften waren eine solche, allerdings eine, von der seit Jahrzehnten kaum geredet wird. Dabei handelt es sich um den literarischen Haupertrag seiner Jahre als Professor der Nationalökonomie und Finanzwissenschaft in Freiburg; im Format unserer MWG sind es mehr als fünfhundert Druckseiten.[10] Zugegeben, ganz totgeschwiegen werden die Börsenschriften nicht. Hin und wieder ist auch auf sie verwiesen und aus ihnen zitiert worden.[11]

Unentbehrlichkeit *Käsler, Dirk,* Der retuschierte Klassiker. Zum gegenwärtigen Forschungsstand der Biographie Max Webers, in: *Weiß, Johannes* (Hrsg.), Max Weber heute. Erträge und Probleme der Forschung, Frankfurt 1989, S. 29 ff.

[8] Die Zeitangabe im Titel des Bandes MWG I/5 umfasst die Jahre 1893–1898, weil er auch eine 1893 erschienene Rezension, die nicht direkt Börsenfragen betrifft, und Berichte über Vorträge Webers im Frühjahr 1898 enthält.

[9] *Meinecke, Friedrich,* Drei Generationen deutscher Gelehrtenpolitik, in: Historische Zeitschrift, Bd. 125 (1922), S. 272.

[10] Dass diese Arbeiten „von der Weber-Forschung so gut wie unbeachtet" geblieben sind, bestätigt neuerdings auch *Torp, Cornelius,* Max Weber und die preußischen Junker, Tübingen 1998, S. 26.

[11] Am ausführlichsten *Bendix, Reinhard,* Max Weber. Das Werk. Darstellung, Analyse, Ergebnisse, München 1964, S. 25–30; *Mommsen, Wolfgang J.,* Max Weber und die deutsche Politik, Tübingen 2. Aufl. 1974, S. 78–81; *Käsler, Dirk,* Einführung

Doch komme ich, wenn ich alle Erwähnungen in allen mir zugänglichen Weberiana zusammenzähle, auf nicht mehr als 20 Druckseiten.[12] Demgegenüber haben aus Webers Frühwerk bekanntlich sein erstes, 1889 erschienenes Buch mit Beiträgen „zur Geschichte der Handelsgesellschaften im Mittelalter" (im Kern seine Dissertation)[13] und seine Habilitationsschrift „Die römische Agrargeschichte in ihrer Bedeutung für das Staats- und Privatrecht" von 1891[14] in der Weberforschung weit mehr Beachtung gefunden. Und über die 1892 erschienene Auswertung der Enquete über die „Lage der Landarbeiter im ostelbischen Deutschland" für den Verein für Socialpolitik[15] und andere Schriften und Reden zur ländlichen Arbeitsverfassung und zur Agrarpolitik aus den Jahren bis 1898[16] gibt es bekanntlich eine umfangreiche Literatur. Folgen wir dem Urteil Wolfgang Mommsens, so war „(d)er Bekanntheitsgrad des jungen Wissenschaftlers in der breiteren Öffentlichkeit als Agrarexperte ... damals bemerkenswert hoch, jedenfalls weit höher, als im ersten Jahrzehnt nach seiner Erkrankung. Wenn Max Weber nicht wieder gesundet wäre, wäre er vermutlich noch heute als ein bedeutender Fachmann für agrarpolitische Fragen und als liberaler Agrarpolitiker bekannt."[17]

Anders als dieses Zitat vermuten lässt, war Max Weber am Ende des 19. Jahrhunderts aber auch als Börsenexperte herausragend. Sei-

---

a. a. O. S. 67–69; *Roth, Guenther,* Weber the Would-Be Englishman: Anglophilia and Family History, in: *Lehmann, Hartmut,* und *Guenther Roth* (Hrsg.), Weber's Protestant Ethic. Origins, Evidence, Contexts, Cambridge 1993, S. 95f.

[12] Nicht mitgezählt sind hierbei die Ausführungen der Übersetzer/Herausgeber in einer finnischen und einer katalanischen Ausgabe von Webers Schriften „Die Börse I" und „Die Börse II", die mir sprachlich nicht zugänglich sind. Finnische Übersetzung: *Weber, Max,* Pörssi. Suomentanut, selityksillä ja jälkikirjoitusksella „Max Weber, pörssi, markkinayhteiskunta ja kapitalismi", hrsg. von *Tapani Hietaniemi,* Tutkijaliitto 1990; katalanische Übersetzung: *Weber, Max,* La Bolsa. Introducción al sistema bursátil, hrsg. von Carme Madrenas, Barcelona, 3. Aufl. 1988. Eine Übersetzung wird zur Zeit von *Steven Lestition* für die Zeitschrift „Theory and Society" vorbereitet.

[13] Vorgesehen für MWG I/1.
[14] Jetzt in: MWG I/2.
[15] Jetzt in: MWG I/3.
[16] Jetzt in: MWG I/4.
[17] *Mommsen, Wolfgang J.,* Einleitung zu MWG I/4, S. 62f.

ne Schriften sind von juristischen und wirtschaftswissenschaftlichen Fachleuten in hohen Tönen gelobt worden.[18] Einige dieser Arbeiten wurden noch jüngst von Rechts- und von Wirtschaftshistorikern als Quellen benützt.[19] 1897 hat der Chef des Reichsamts des Innern, Staatssekretär von Boetticher, die von ihm befürwortete Aufnahme Max Webers in den Börsenausschuss, der den Bundesrat in Fragen der Börse beraten sollte, mit der Feststellung begründet, geeignetere Kräfte als der in Göttingen lehrende Professor Wilhelm Lexis und Max Weber seien ihm „aus Kreisen der Wissenschaft... nicht bekannt."[20] Lexis war damals 60 Jahre alt, Weber knapp 33.

Seinen Ruhm als Börsenfachmann hatte sich Max Weber vor allem mit einer Aufsatzserie in der Zeitschrift für das gesamte Handelsrecht über „Die Ergebnisse der deutschen Börsenenquete" und mit zwei 1894 und 1896 erschienenen populärwissenschaftlichen Heften über „Die Börse" in der von Pfarrer Friedrich

[18] Statt zahlreicher Belege siehe das in der Einleitung zu MWG I/5, S. 2 f., Ausgeführte.

[19] U. a. *Tilly, Wolfgang M.*, Die amtliche Kursnotierung an den Wertpapierbörsen. Eine Untersuchung zur Entwicklung des deutschen Börsenrechts, Baden-Baden 1975; *Wolter, Udo*, Termingeschäftsfähigkeit kraft Information. Eine rechtshistorische, rechtsdogmatische und rechtspolitische Studie über die stillschweigende Entfunktionalisierung des § 764 BGB durch die Börsengesetz-Novelle von 1989, Paderborn 1991; *Meier, Johann Christian*, Die Entstehung des Börsengesetzes vom 22. Juni 1896 (Studien zur Wirtschafts- und Sozialgeschichte, Bd. 9), St. Katharinen 1992; *Gömmel, Rainer*, Entstehung und Entwicklung der Effektenbörse im 19. Jahrhundert bis 1914, in: *Pohl, Hans*, Deutsche Börsengeschichte, Frankfurt a. M. 1992; *Schulz, Wolfgang*, Das deutsche Börsengesetz. Die Entstehungsgeschichte und wirtschaftlichen Auswirkungen des Börsengesetzes von 1896 (Rechtshistorische Reihe, Bd. 124), Frankfurt a. M. u. a. 1994; *Wetzel, Christoph*, Die Auswirkungen des Reichsbörsengesetzes von 1896 auf die Effektenbörsen im Deutschen Reich, insbesondere auf die Berliner Fondsbörse (Münsteraner Beiträge zur Cliometrie und Quantitativen Wirtschaftsgeschichte, Bd. 4), Münster 1996; *Merkt, Hanno*, Zur Entwicklung des deutschen Börsenrechts von den Anfängen bis zum Zweiten Finanzmarktförderungsgesetz, in: *Hopt, Klaus J., Rudolph, Bernd, Baum, Harald* (Hrsg.), Börsenreform. Eine ökonomische, rechtsvergleichende und rechtspolitische Untersuchung, Stuttgart 1997, S. 17–141.

[20] Votum des Vizepräsidenten des Staatsministeriums Dr. von Boetticher, betreffend die Bildung des Börsenausschusses vom 12. März 1897, BA Potsdam, Reichskanzlei Nr. 574, Akten, betr. Die Börse, Bl. 1. Weil das Votum u. a. auf den durch agrarische Interessenten bewirkten Widerspruch im Kollegium des Ministerium stieß, ist es zu der vorgesehenen Berufung nicht gekommen. Siehe hierzu Einleitung zu MWG I/5, S. 105 ff.

Naumann herausgegebenen Göttinger Arbeiterbibliothek erworben. Die Aufsatzserie in der führenden handelsrechtlichen Zeitschrift, mit einem Umfang von 329 Seiten, kann man als das wissenschaftliche Hauptwerk bezeichnen. In ihm hat Max Weber im Verlauf von fast drei Jahren die etwa 5000 Seiten umfassenden Dokumente einer vom Reichskanzler einberufenen Kommission bearbeitet und aufbereitet. Aufgabe der Kommission war die Gewinnung von Kenntnissen über das komplexe Börsenwesen im Reich und die Erarbeitung von Reformvorschlägen.[21] Diese wie andere Schriften Webers zum Börsenwesen sind nach Abschluss der Arbeiten am deutschen Börsengesetz und erst recht nach der Novelle zum Börsengesetz von 1908, also schon zu Lebzeiten Webers, in den Hintergrund getreten. Dagegen wurden nach dem I. Weltkrieg, nicht zuletzt dank eines Wiederabdrucks in den von Marianne Weber herausgegebenen „Gesammelten Aufsätzen zur Soziologie und Sozialpolitik",[22] die beiden Hefte in der Göttinger Arbeiterbibliothek „Die Börse"[23], die gar als „Perle der Börsenliteratur"[24] bezeichnet worden sind, öfter wahrgenommen. Seither spielen in der Weberliteratur diese für ein Laienpublikum geschriebenen Einführungen gleichsam die Rolle des Hauptwerkes Max Webers aus dem Schaffensbereich Börsenwesen.[25]

---

[21] Siehe hierzu die Einleitung zu MWG I/5, S. 66 ff., und Editorischer Bericht zu *Weber, Ergebnisse*, ebd., S. 175 ff.

[22] *Weber, Max*, Die Börse (1894), in: *Weber, Marianne* (Hrsg.), Max Weber, Gesammelte Aufsätze zur Soziologie und Sozialpolitik, Tübingen 1924, 2. Aufl. 1988 S. 256 ff. – Dem Verlag und der Herausgeberin ist bei der Datierung der Hefte im Sammelband ein Fehler unterlaufen. Sie sind im Titel als *ein* Text aus dem Jahr 1894 und nicht als zwei Hefte aus den Jahren 1894 und 1896 bezeichnet. Das hat in der Literatur zu etlichen Missverständnissen und auch Missdeutungen geführt. So ist angenommen worden, die kräftigen Urteile Max Webers am Schluss des 1896 geschriebenen zweiten Textes seien Hinweise auf sein Interesse am Gegenstand bereits bei Übernahme der Aufgabe. Hierzu ausführlicher unten.

[23] *Weber*, Die Börse. I. Zweck und äußere Organisation der Börsen, MWG I/5, S. 127 ff.; *Weber*, Die Börse. II. Der Börsenverkehr, MWG I/5, S. 614 ff.

[24] *Stillich, Oskar*, Die Börse und ihre Geschäfte, Berlin 1909, S. 18.

[25] Allerdings zitiert selbst *Oswald von Nell-Breuning* in seiner bemerkenswerten Dissertation „Grundzüge der Börsenmoral", Freiburg 1928, diese für sein Thema einschlägigen Bändchen nicht, wohl aber Webers „Gesammelte Aufsätze zur Religionssoziologie I" sowie „Wirtschaft und Gesellschaft."

Nahezu ganz übersehen worden ist die Rolle, die Max Weber im November 1896 in dem sogenannten provisorischen Börsenausschuss, den der Bundesrat einberufen hatte, gespielt hat. Die Protokolle sind erhalten, und ihrer Benützung hat nie etwas im Wege gestanden.[26] Zwar benennt Marianne Weber das Gremium falsch und beschreibt auch seine Aufgaben nicht korrekt – worin ihr die Literatur folgt –, aber sie erwähnt es immerhin. Auch zitiert sie aus anschaulichen Briefen Webers über Formalia seiner Tätigkeit im Sitzungssaal des Bundesrats, wo die beiden Wissenschaftler, Lexis und Weber, in den Bänken der Fürstentümer Reuß ältere und Reuß jüngere Linie Platz gefunden hatten.[27] Dennoch sind seine nun im Kontext der lebhaften Debatten erstmals abgedruckten Redebeiträge eine Art Entdeckung. Sie zeigen Weber als einen geschickten und im Ergebnis auch einflussreichen Partner in der Diskussion mit der Creme des deutschen Börsenwesens und den seinerzeit führenden Börsenkritikern aus der Hocharistokratie. Souverän beherrscht er knifflige Details der Börsengeschäfte, ohne das Grundsätzliche, an dem ihm liegt, aus den Augen zu verlieren. Bemerkenswerterweise hat ihn am Ende der Ausschuss beauftragt, den Bericht an den Bundesrat über die Aussprache zu den politisch heikelsten Punkten der Ausschussarbeit zu verfassen.[28]

II.

Es läge nahe, dass ich im Folgenden Genaueres über den Inhalt des Bandes und seine Bedeutung für die Weberforschung berichte. Möglicherweise erwarten Sie, dass ich auf originelle Erkenntnisse zum Börsenwesen und speziell auf Webers Urteile zu den seinerzeit anstehenden Fragen der Börsenpolitik eingehe. Es könnte sie aber womöglich noch mehr interessieren, ob sich in den Börsenschriften schon etwas von jenem Weber ankündigt, der später berühmt geworden ist. Zeichnen sich nicht – entgegen der lange Zeit herrschenden Meinung, es habe nach Überwindung der Krankheit ab 1904 einen „neuen", den eigentlichen

---

[26] Zum Fundort siehe den Editorischen Bericht in: MWG I/5, S. 667.
[27] *Weber, Marianne*, Lebensbild, S. 210.
[28] *Weber*, Bericht des provisorischen Börsenausschusses, MWG I/5, S. 736 ff.

Weber gegeben[29] – Kontinuitätslinien ab? In der Tat, so ist es. Wenn auch nicht immer leicht zu erkennen, finden sich Wurzeln vieler späterer Themen in diesem Frühwerk. Wir begegnen z.B. bereits dem „Idealtyp",[30] finden auch wichtige Elemente der späteren Position Webers in der Werturteilsdebatte.[31] Und natürlich zeigt sich schon der Organisations-, Rechts- und Wirtschaftssoziologe. Die Börsen waren ja für den, der tiefer zu blicken verstand, außerordentlich interessante Institutionen. Hier trafen sich Juden, Mohammedaner, Christen aller Denominationen, wie schon Voltaire sich bei Betrachtung der Londoner Börsenversammlungen 1737 verwunderte.[32] Aller Differenzen in Glaubens- und Lebensfragen ungeachtet verlassen sich die Börsenbesucher darauf, dass im Durcheinander des Abschlusses tausender Geschäfte Wort und Handzeichen unbedingte Geltung haben – wie es der Wahlspruch der Londoner Börse sagt: DICTUM MEUM PACTUM. Und wenn einmal Streitigkeiten vorkommen sollten, beschäftigen sie höchst selten die öffentlichen Gerichte.[33]

---

[29] Vgl. Eduard Baumgarten: „Ein zweiter und neuer Max Weber erstand damit." *Baumgarten, Eduard,* Max Weber. Werk und Person. Dokumente, Tübingen 1964, S. 636.

[30] Allerdings verwendet Weber noch nicht den Begriff, wohl aber entsprechen die von ihm charakterisierten Typen vielfach dem, was später „Idealtyp" heißt. – Im Zusammenhang mit seinen Erörterungen des Börsentermingeschäfts hat sich Max Weber wiederholt mit den für diese Geschäfte charakteristischen Herausbildungen von Typen (typische Handelsgüter, typische Quanten, typische Erfüllungstermine etc.) befasst. Dass dies für das methodische Konzept des Idealtyps von Bedeutung gewesen wäre, kann einstweilen nur als spekulative Idee eingeführt werden.

[31] Vgl. hierzu auch *Aldenhoff, Rita,* Nationalökonomie, Nationalstaat und Werturteile. Wissenschaftskritik in Max Webers Freiburger Antrittsrede im Kontext der Wissenschaftsdebatten in den 1890er Jahren, in: Archiv für Rechts- und Sozialphilosophie, Beiheft 43, hrsg. v. *Gerhard Sprenger,* 1991, S. 79 ff.

[32] „Gehen Sie in die Londoner Börse, dieser Ort ist respektierlicher als mancher Hof; Sie sehen dort die Abgesandten aller Völker zum Wohle der Menschheit versammelt. Da handeln der Jude, der Mohammedaner und der Christ einer mit dem anderen, als seien sie desselben Glaubens, und bezeichnen nur die Bankrotteure als untreu; da vertraut sich der Presbyterianer dem Anabaptisten an, und der Anglikaner erhält das Wort des Quäkers." *Voltaire,* Philosophische Briefe, hrsg. und übersetzt von Rudolf von Bitter, Frankfurt a.M.1985, S. 27; frz. Text: *Voltaire,* Lettres philosophiques ou Lettres anglaises ..., Paris 1964, S. 29.

[33] Bis heute ist das Börsenrecht „ein weitgehend rechtsprechungsarmes Rechtsgebiet." *Tilly, Wolfgang M.,* Die amtliche Kursnotierung an den Wertpapierbörsen. Eine Untersuchung des deutschen Börsenrechts, Baden-Baden 1975, S. 13.

Am Ende des 19. Jahrhunderts drängten allerdings politisch mächtige Interessenten und auch Wissenschaftler auf eine Reform des Börsenwesens in Deutschland.[34] Damit war das prinzipielle Problem aufgeworfen, ob und auf welcher Grundlage anstelle des bis dahin weitgehend selbst geschaffenen Rechts der Kaufleute eine von staatlicher Seite in formale Rechtssätze gefasste Institutionenordnung entwickelt werden könne und solle. Sollte gar im Zuge der Zeit nun auch an der Börse ein „soziales Recht auf der Grundlage pathetischer sittlicher Postulate" konstituiert werden? – wie Weber diese Kategorie von Problemen später in seiner Rechtssoziologie gekennzeichnet hat.[35] Massiv kritisiert Weber die vorherrschend moralischen Gesichtspunkte der Reformvorschläge der Börsenenquetekommission,[36] ohne allerdings einen ökonomistischen Standpunkt zu empfehlen. Webers höchste Ziele sind *nicht* wirtschaftliche Effizienz oder der Güterreichtum der Nation als solche.[37] – Schon in diesen Frühschriften formuliert Weber seine

---

[34] Auf die ausführliche Darstellung der Auseinandersetzungen um die Börse und die Entstehung des Börsengesetzes von 1896 in der Einleitung zu MWG I/5 sei verwiesen.

[35] *Weber*, Wirtschaft und Gesellschaft (Grundriss der Sozialökonomik, III. Abteilung), Tübingen 1922, S. 506.

[36] Statt zahlreicher weiterer Belege: „Die Schwäche ihrer Vorschläge (gemeint ist die Börsenenquetekommission, K. B.) ist, dass der Standpunkt der Beurteilung, auf den sich die Kommission bei Betrachtung der Erscheinungen des Börsenverkehrs gestellt hat, zu Bedenken Anlass gibt. Er ist wesentlich *moralisierend*. Es kann aber nicht der *zentrale* Zweck eines staatlichen Eingreifens auf dem Gebiete des Börsenwesens sein, das Publikum vor Verlusten im Börsenspiel zu schützen, so erfreulich es ist, wenn es gelingt, dieses Ziel nebenher zu fördern." *Weber*, Börsenwesen, MWG I/5, S. 588. – Zu den Mitgliedern der Börsenenquetekommission gehörte auch Gustav Schmoller. Ob dieser auf die herbe Kritik Webers reagiert hat, ist unbekannt.

[37] Diese werden als Ziele schon abgelehnt in der Rede beim 5. Evangelisch-sozialen Kongress im Mai 1894, noch deutlicher in der Freiburger Antrittsrede im Mai 1895: „... so hat sich in den Köpfen der aufwachsenden Generation auch die Vorstellung gebildet, als sei Dank der Arbeit der nationalökonomischen Wissenschaft nicht nur die *Erkenntnis* des Wesens der menschlichen Gemeinschaften gewaltig erweitert, sondern auch der *Maßstab*, an welchem wir in letzter Linie die Erscheinungen *bewerten*, ein völlig neuer geworden, als sei die politische Ökonomie in der Lage, ihrem eigenen Stoff eigenartige Ideale zu entnehmen. Die optische Täuschung, als gäbe es selbständige ökonomische oder ‚sozialpolitische' Ideale, wird freilich als solche klar, sobald man an der Hand der Litteratur unserer Wissenschaft diese ‚eigenen' Grundlagen der Bewertung zu ermitteln sucht." *Weber*, Der Nationalstaat und die Volkswirtschaftspolitik. Akademische Antrittsrede, MWG I/4, S. 563.

Position mit jener Schroffheit, die später immer wieder Zeitgenossen verschreckt und andere begeistert hat:[38] „Stets aber musste dabei (bei Gedanken über die Börsenreform, K.B.) der Gesichtspunkt feststehen, dass eine starke Börse kein Klub für ethische Kultur ist und sein kann, sondern ebenso wie die großen Bankkapitalien eines der modernen Machtmittel, mittelst deren die Nationen den unerbittlichen Kampf um die ökonomische Suprematie führen, auf welcher schließlich auch ihre politische Größe beruht. Ob Italien oder Russland finanziell nach Paris oder Berlin blicken, ist eine wichtigere Frage, als ob eine Anzahl derjenigen, welche ‚nicht alle werden', Gelegenheit haben, ihr Geld, welches sie im Börsenspiel riskieren, zu verlieren."[39] – Die Kenner der heutigen Diskussionen über die Organisation unserer Börsen werden heraushören, wie modern Max Weber hier zwar nicht in der Form, wohl aber in der Sache argumentiert. Bei der Novellierung des Börsengesetzes haben die Bundesregierung und der Bundestag 1988/9 als Grund für die Wiederzulassung von Börsentermingeschäften die Notwendigkeit genannt, im Standortwettbewerb den Finanzplatz Deutschland zu stärken.[40] – Doch breche ich hier ab, weil es mir unmöglich erscheint, an dieser Stelle und gar im Rahmen der gesetzten Zeit eine hinreichende Darstellung des Inhalts

---

[38] Zu Webers „deutscher Schroffheit" vgl. *René König*, Vorwort, in: *König, René, und Johannes Winckelmann* (Hrsg.), Max Weber zum Gedächtnis. Materialien und Dokumente zur Bewertung von Werk und Persönlichkeit, in: Kölner Zeitschrift für Soziologie und Sozialpsychologie, Sonderheft 7 (1963), S. 8 (künftig zitiert als *König/Winckelmann, Max Weber zum Gedächtnis*).

[39] *Weber, Max*, Die technische Funktion des Terminhandels, MWG I/5, S. 612. Kurze Zeit darauf womöglich noch härter formulierend: „Der Durchführung *rein* theoretisch-moralischer Forderungen sind eben, so lange die Nationen, mögen sie auch militärisch in Frieden leben, ökonomisch den unerbittlichen und unvermeidlichen Kampf um ihr nationales Dasein und die ökonomische Macht führen, enge Grenzen gezogen durch die Erwägung, dass man auch ökonomisch nicht *einseitig* abrüsten kann. Eine starke Börse kann eben kein Klub für ‚ethische Kultur' sein, und die Kapitalien der großen Banken sind so wenig ‚Wohlfahrtseinrichtungen' wie Flinten und Kanonen es sind." *Weber*, Die Börse II, MWG I/5, S. 655.

[40] Vgl. Entwurf eines Gesetzes zur Änderung des Börsengesetzes, Deutscher Bundestag, 11. Wahlperiode, Drucksache 11/4177; Beschlussempfehlung und Bericht des Finanzausschusses des Deutschen Bundestages, Deutscher Bundestag, 11. Wahlperiode, Drucksache 11/4721; *Schwark, Eberhard*, Börsengesetz. Kommentar zum Börsengesetz und zu den börsenrechtlichen Nebenbestimmungen, München 2. Aufl. 1994, S. 40.

der Börsenschriften zu geben. Allein um den Glanz von Webers origineller Behandlung des rechtlichen, ökonomischen und sozialen Wesens und der Bedeutung des seinerzeit besonders umstrittenen Börsentermingeschäfts zu vermitteln, brauchte es vermutlich eine Vorlesungsstunde.[41]

Nachfolgend möchte ich mich mit drei Fragen befassen, die mir im Lauf der Arbeit an dem Band gekommen sind. Auf keine habe ich bislang definitive Antworten.

Vom ersten Rätsel habe ich schon gesprochen, nämlich von der Tatsache, dass dieser umfangreiche Werkkomplex von der Weber-Literatur praktisch übersehen worden ist. In der intellektuellen Biographie dieses Mannes spielt er bislang keine Rolle. Wie kann man erklären, dass in der Weber-Forschung die Lücke so lange nicht bemerkt worden ist?[42]

Das zweite Rätsel betrifft Anlass und Entstehung dieser Schriften. Warum konnte jemand, der bis 1894 keine Zeile über Börsenfragen publiziert hatte, sich für diesen Themenkomplex erwärmen und in so kurzer Zeit zum herausragenden Fachmann werden?

Das dritte Rätsel betrifft Webers Verstummen 1897[43] unmittelbar nach Fertigstellung seiner letzten Publikationen zum Bör-

---

[41] Weber sieht weit klarer als die Zeitgenossen, dass die Natur des einzelnen Kontrakts als Termingeschäft nicht in ihm selbst liegt, sondern sich aus dem Bestehen eines Terminmarktes ergibt. Er erkennt u. a. die Funktion dessen, was wir heute „Derivate" nennen, als Mittel der Liquidisierung des Tauschverkehrs. Allerdings vollzieht er noch nicht den nächsten Schritt, Terminkontrakte in ihren Funktionen mit Geld zu vergleichen, wie dies schon 1899 Ernst Fleck getan hat. Vgl. *Fleck, Ernst,* Die Börse und das Reichsgericht, in: Monatsschrift für Handelsrecht und Bankwesen, Steuer- und Stempelfragen, hrsg. v. Paul Holdheim, Jg. VIII (1899), S. 162 f. In diesem Sinne neuerdings auch *Telser, Lester G.,* Why there are organized futures markets, in: Journal of Law and Economics, Bd. 24 (1981), S. 1–22. Zur Diskussion über Wesen und Bedeutung des Termingeschäfts am Ende des 19. Jh. siehe Einleitung zu MWG I/5, S. 11–17; S. 45–51.

[42] Wilhelm Hennis hat 1996, indem er auf den schon länger angekündigten Band der MWG hinwies, erstmals die Hoffnung ausgedrückt, dass die Börsenschriften zusammenhängend ediert werden. Vgl. *Hennis, Wilhelm,* Max Webers Wissenschaft vom Menschen. Neue Studien zur Biographie des Werks, Tübingen 1996, S. 201 f.

[43] Abgesehen von der Überarbeitung des Artikels „Agrarverhältnisse im Altertum" im Handwörterbuch der Staatswissenschaften sind von 1897 bis 1903 nur noch kurze Texte aus aktuellen Anlässen erschienen.

senwesen, der Artikel „Börsengesetz" und „Wertpapiere (Aufbewahrung)" im Handwörterbuch der Staatswissenschaften. Es gibt zahlreiche Deutungen der Erkrankung Max Webers.[44] Ich möchte sie keineswegs durch eine neue ersetzen. Aber ich möchte fragen, ob möglicherweise auch die Börsenschriften etwas mit der Krise zu tun haben – und nicht nur deshalb, weil sie zu jener anhaltenden Überarbeitung Webers beigetragen haben, die Marianne Weber eindrucksvoll beschrieben hat.[45]

III.

Zum ersten Rätsel: Es ist in der Wissenschaftsgeschichte nicht ungewöhnlich, dass die Publikationen eines Autors unterschiedlich intensiv betrachtet und diskutiert werden. Immer gibt es wichtige und weniger wichtige Arbeiten. Einige Börsenschriften Webers, ich deutete es schon an, haben bleibenden Wert als Quellen für die Rechts- und Wirtschaftsgeschichte der Börse. Aber man wird sie nicht zu den bedeutenden Werken der Rechts-, Wirtschafts- und Sozialwissenschaft ihrer Zeit zählen. Wäre Max Weber früher gestorben, verdienten sie nicht mehr Aufmerksamkeit als die Texte der meisten Professoren am Ende des 19. Jahrhunderts. Nur vor dem Hintergrund des späteren Werkes kann es verwundern, dass die beschriebene Lücke noch besteht.

Der Grund für ihr Bestehen kann nicht sein, dass die Börsenschriften für das Verständnis der Entwicklung Webers und seines späteren Werkes nichts hergäben. Denn das hätte ja einmal von jemandem festgestellt und der Fachwelt mitgeteilt werden müssen. Das ist aber nicht geschehen.[46] Somit muss es andere Gründe geben. Ich nenne vier.

---

[44] Vgl. u. a. *Frommer, J.,* und *S. Frommer,* Max Webers Krankheit – soziologische Aspekte der depressiven Struktur, in: Fortschritte der Neurologie/Psychiatrie, 61. Jg. (1993), S. 161–171.

[45] *Weber, Marianne,* Lebensbild, S. 207 ff., S. 213 f., S. 239 ff.

[46] Soweit ich sehe, gibt es nur *eine* Andeutung einer – negativen – Einschätzung der Bedeutung der Börsenschriften für Webers *wissenschaftliche* Entwicklung. Sie bezieht sich jedoch auf eine spezielle Fragestellung: „Wenn man vom ‚Grundriss zu den Vorlesungen über Allgemeine Nationalökonomie' (1898) absieht, so boten die Arbeiten über das *Börsenwesen,* die Landarbeiterfrage oder diejenigen über die Agrarverhältnisse

1. Ohne Zweifel, die Texte sind keine leichte Lektüre. Sie setzen, schon wegen der eigentümlichen Börsensprache, der erforderlichen juristischen und ökonomischen Fachkenntnisse sowie einer gewissen Vertrautheit mit dem zeitgeschichtlichen Hintergrund, beim Leser eine spezielle Energie und einen erheblichen Lernwillen voraus. Niemand, der nicht eine Art Garantie dafür in Händen hat, dass sich die Bemühung in Hinblick auf irgendeine spezielle Fragestellung lohnt, wird solche Mühen auf sich nehmen. Aber woher sollten an Weber Interessierte, in der Regel ja nicht Fachleute des Börsenwesens, bisher Ermutigung beziehen?

2. Es kommt hinzu, dass schon Marianne Weber und der Verleger Oskar Siebeck wesentlich dazu beigetragen haben, dass dieser Werkkomplex relativ unsichtbar geblieben ist. Bekanntlich haben die von ihnen besorgten umfangreichen Sammlungen von Wiederabdrucken erheblich zu Webers Nachruhm beigetragen. Aber es sind aus unserem Werkkomplex, wie oben schon ausgeführt worden ist, nur die beiden Hefte unter dem Titel „Die Börse" aus Naumanns Arbeiterbibliothek wieder abgedruckt worden. Signalisierte die Witwe damit nicht schon, dass sie, die beste Kennerin von Leben und Werk ihres Mannes, die anderen Börsenschriften für wenig wichtig hielt? Zudem wurde dieser Text ausgerechnet in dem Band „Gesammelte Aufsätze zur Soziologie und Sozialpolitik" plaziert, eine weitere Irreführung. Erstens sucht dort niemand etwas über Börsen. Und zweitens ist Weber ja nicht müde geworden zu betonen, dass Sozialpolitik an der Börse tunlichst nichts zu suchen hätte, schon gar nicht eine „Sozialpolitik," deren Zweck der Schutz relativ wohlhabender Leute vor ihrer eigenen Torheit wäre.[47]

---

im Mittelalter (sic!) nur wenig Anlass, grundlegende methodische Fragen des Faches aufzurollen, dem Weber sich nun zurechnet." Gephart, Werner, Gesellschaftstheorie und Recht. Das Recht im soziologischen Diskurs der Moderne, Frankfurt a. M. 1993, S. 432.

[47] Es verdient festgehalten zu werden, dass Webers Auffassung auch auf Seiten der Sozialdemokratie geteilt worden ist. In einer Debatte über die angestrebte Novellierung des Börsengesetzes sagte der Abgeordnete (und spätere Reichswirtschaftsminister) Robert Schmidt im Reichstag: „Ich halte es für sehr bedenklich, eine gesetzgeberische Tätigkeit nach der Richtung hin zu entwickeln, dass man jede Dummheit polizeilich schützt, und polizeilich vorschreibt, dass von der Dummheit nur ein mäßiger Gebrauch gemacht werden dürfe." Sten. Ber., 11. Legislaturperiode, I. Session 1903/4, S. 2470.

Allerdings wissen wir aus den erhaltenen Teilen der Korrespondenz zwischen Marianne Weber und dem Verlag, dass die Konzentration auf nur *einen* Börsentext und dessen Plazierung an dieser unglücklichen Stelle ursprünglich nicht geplant gewesen ist. Eigentlich hätte nach den zuvor publizierten „Gesammelten Aufsätzen zur Sozial- und Wirtschaftsgeschichte" ein Band „Gesammelte Aufsätze zur Wirtschaftspolitik" erscheinen sollen. In ihm war von seiten des Verlags sogar eine Abteilung „Börsenwesen" vorgesehen.[48] Dazu ist es aber nicht gekommen, u. a. weil der Verleger 1924 einen raschen Abschluss der auf einen Umfang von ca. 3700 Seiten angewachsenen Serie von Aufsatzsammlungen wünschte.

Doch scheint der Verzicht Marianne Weber nicht allzu schwer gefallen zu sein. 1925 hat sie nämlich dem jungen Johannes Winckelmann (dem späteren Kurator des literarischen Erbes Max Webers, Mitglied der Kommission für Sozial- und Wirtschaftsgeschichte der Bayerischen Akademie der Wissenschaften und erster Leiter der Münchener Arbeitsstelle der MWG) auf seine dringliche Bitte, auch mehrere Börsenschriften durch Wiederabdrucke zugänglicher zu machen, geantwortet, dass diese „veraltet" seien.[49] – In gewisser Weise hatte sie Recht, denn der einstmals dramatische Streit um die Börsen war längst entschieden. Ja mehr noch: Wert-

---

[48] Die Abteilung sollte enthalten: „Die Börse" (Göttinger Arbeiterbibliothek), „Die technische Funktion des Terminhandels" (Deutsche Juristenzeitung), „Börsenwesen" (Handwörterbuch der Staatswissenschaften). Die „Ergebnisse der deutschen Börsenenquete" wurden wegen ihres Umfangs von 20 Druckbogen gestrichen, die Artikel „Börsengesetz" und „Wertpapiere", weil sie sich mit Gesetzen beschäftigen, „die heute im wesentlichen überholt sind. Der Artikel ‚Börsenwesen' dagegen dürfte als Zusammenfassung der Ergebnisse der Börsenenquete immer noch von Interesse sein." Brief von Oskar Siebeck an Marianne Weber v. 30. Juli 1923. VA Mohr/Siebeck, Deponat BSB München, Ana 446, Bl. 2491–2493.

[49] Johannes Winckelmann hatte in einem nur unvollständig erhaltenen Brief an Marianne Weber die Frage gestellt, ob es sich ermöglichen ließe, u. a. auch die „Ergebnisse der deutschen Börsenenquete" und „Die technische Funktion des Terminhandels" wieder abzudrucken. Hierzu schrieb Marianne Weber an den Rand: „diese Aufsätze sind veraltet, ich konnte ihren Abdruck dem Verlag jetzt nicht zumuten, das *Allgemein*-Interessante daraus ist in dem (sic!) Aufsatz über die Börse enthalten." Anlage zu einem Brief von Marianne Weber an Johannes Winckelmann vom 20. Mai 1925. Depot Winckelmann, Bayerische Akademie der Wissenschaften.

papier- und Warenbörsen hatten sichtlich einen Bedeutungsschwund erlitten. Und die Frage ihrer Organisation und der Regelung ihrer Geschäfte spielte in der öffentlichen Diskussion in den 1920er Jahren keine Rolle mehr. Auch in den Fachwissenschaften Nationalökonomie und Recht waren die Börsen und ihre Geschäfte inzwischen wieder ein Randthema.[50]

3. Dafür, dass Webers Börsenschriften lange Zeit nicht interessierten, sehe ich einen weiteren Grund: Schon die Deutung, die Marianne Weber diesen Texten in ihrem 1926 erschienenen „Lebensbild" gab, machte sie für die weitere Weberforschung relativ uninteressant. Marianne Weber schrieb: „Was ihn daran interessiert, ist, wie bei den Agrarfragen, das *politische* Problem."[51] Dieser gleichsam amtliche Kommentar, der nichts von der wissenschaftlichen Qualität der Schriften erkennen lässt, bestimmte in der Folgezeit die Rezeption.[52] Als Wolfgang Mommsen sein Buch „Max Weber und die deutsche Politik" schrieb, hat er – im Rahmen seiner Fragestellung völlig berechtigt – diesen Aspekt noch einmal verschärft.[53] Aber das hat natürlich nicht dazu beigetragen, die Neugier auf diese Texte als *wissenschaftliche* Leistungen zu steigern.

4. Wenn es noch eines weiteren Grundes bedürfte, weshalb die Börsenschriften übersehen worden sind, so ist es der Umstand, dass der Gegenstand Börse in Webers späterem Werk nie wieder aufgetaucht ist, sieht man von beiläufigen Erwähnungen, wie sie je-

---

[50] Vgl. *Beer, Joachim*, Der Funktionswandel der deutschen Wertpapierbörsen in der Zwischenkriegszeit (1924–1939), Frankfurt u. a. 1998.

[51] *Weber, Marianne*, Lebensbild, S. 209.

[52] Ein Beleg aus jüngster Zeit: *Swedberg, Richard*, Max Weber and the Idea of Economic Sociology, Princeton 1998, S. 184: „That Weber's work on the stock exchange *was inspired by his political interest* is obvious from the final passage in the pamphlet, which says ..." (Hervorhebung K.B.) Leider hat auch Swedberg übersehen, dass die von ihm zitierten Schlußsätze erst 1896 und damit nach einer grundlegenden Veränderung der Konfliktgegenstände im Börsenstreit geschrieben worden sind. Der Wunsch, sich an diesen Kämpfen zu beteiligen, kann nicht schon 1894 der entscheidende Grund für die Übernahme der Aufgabe gewesen sein.

[53] *Mommsen, Wolfgang J.*, Max Weber und die deutsche Politik, Tübingen 1959, 2. Aufl. 1974, S. 78–81. Als politische Texte erwähnt die Börsenschriften auch *Torp, Cornelius*, Max Weber und die preußischen Junker, Tübingen 1998, S. 26 und 64 f.

dermann hätte schreiben können, ab.[54] Weber selbst hat also keine Brücke gebaut, jedenfalls keine, die zu betreten eine Pflicht gewesen wäre. Anders als andere Autoren der 1. Auflage des Handwörterbuchs der Staatswissenschaften hat Weber auch nicht seine drei in diesem Handbuch veröffentlichten Börsenartikel für die folgenden Auflagen überarbeitet. Dass dies ausschließlich an der Krankheit gelegen haben sollte, ist unwahrscheinlich, denn Weber hat seinen ebenfalls 1897 im Handwörterbuch der Staatswissenschaften veröffentlichten Artikel „Agrarverhältnisse im Altertum" für die zweite und die dritte Auflage des Werkes (1898 bzw. 1909) jeweils gründlich überarbeitet.[55] Er pflegte also seine „Zuständigkeit" für diesen Gegenstand.[56] – Über die Gründe des plötzlichen Verstummens wird später noch zu sprechen sein.

IV.

Zunächst zum zweiten Rätsel: Wie ist, um noch einmal Friedrich Meinecke zu zitieren, die „Eruption" zu erklären, deren Ergebnisse in unserem Band abgedruckt sind? Es gibt keinerlei Vorankündigung. Das erste Zeugnis einer Beschäftigung Webers mit Börsenfragen ist ein Brief an den Nationalökonomen Gustav Schmoller vom 3. Februar 1894.[57] Weber dankt ihm für die Zusendung einer Einleitung, welche Schmoller als Mitglied der Börsenenquete-Kommission für die gerade publizierten „Statistischen Anlagen" zum Bericht der Kommission verfasst hatte. In

---

[54] In der 1. Auflage von „Wirtschaft und Gesellschaft" (1922) gibt es im Register nur den Eintrag „Börsenhandel" mit einem einzigen Seitenverweis. In der von Johannes Winckelmann besorgten 5. Auflage (1976) sind hinzugefügt die Lemmata „Börse" – mit 3 Eintragungen – und „Börsenpanik" mit einer Eintragung.

[55] *Weber,* Agrarverhältnisse im Altertum, in: Handwörterbuch der Staatswissenschaften, 2. Aufl. Bd. 1, 1898, S. 57–85; *Weber,* Agrarverhältnisse im Altertum, ebendort, 3. Aufl., Bd. 1, 1909, S. 52–188. Vorgesehen für MWG I/6.

[56] Zu den Problemen, die mit der Überarbeitung verbunden gewesen wären, siehe MWG I/5, S. 556, 670, 756. – Die Zuständigkeit für das Stichwort „Börsenwesen" ist auf Richard Ehrenberg übergegangen. Zu Max Webers späterhin sehr kritischer Einschätzung von Richard Ehrenberg siehe Brief Webers an Carl Neumann v. 3. Nov. 1906, in: *Weber,* Briefe 1906–1908, MWG II/5, S. 174 f., sowie Brief Webers an Richard Graf Du Moulin-Eckart v. 4. Mai 1907, ebd. S. 295 f.

[57] GStA Berlin, Rep. 92, Nl. Schmoller, Nr. 186 – siehe auch Editorischer Bericht zu *Weber,* Ergebnisse der Börsenenquete, MWG I/5, S. 184.

diesem Zusammenhang teilt der junge Professor an der Berliner Universität dem älteren Kollegen mit, ihm seien die statistischen Materialien bereits bekannt und er habe die Gesichtspunkte Schmollers schon in seinem Praktikum zum Handelsrecht verwerten können, wo er „z.Z. die Börsen-Enquete tractiere". Weber deutet mit keinem Wort an, dass er die Ergebnisse der Börsenenquete in der Zeitschrift für das gesamte Handelsrecht besprechen wolle oder sonstige Pläne auf diesem Gebiet habe. Man darf wohl annehmen, dass er sich im Falle bereits gefasster Entschlüsse über ein solches Vorhaben nicht ausgeschwiegen hätte. Kaum drei Monate zuvor hat Max Weber demselben Schmoller nämlich von aktuellen Arbeitsplänen ganz anderer Art geschrieben. Da wollte er noch im Anschluss an seine Dissertation über die Handelsgesellschaften im Mittelalter „die Antecedenzien der modernen Commissionsgeschäfte im Mittelalter untersuchen", also in der alten Spur bleiben![58] Wann hat er sie verlassen?

Die nächsten sicheren Nachrichten über die Befassung Max Webers mit Börsenfragen stammen von Juni/Juli 1894.[59] Und da arbeitet er bereits an dem ersten Aufsatz über die Ergebnisse der Börsenenquete sowie an der geplanten Einführung in das Börsenwesen für Naumanns Arbeiterbibliothek. Im Juli hält Weber bei der Internationalen Vereinigung für vergleichende Rechtswissenschaft und Volkswirtschaftslehre einen Vortrag über die „Organisation der deutschen Börsen im Vergleich mit denjenigen des Auslands". Das ist auch der Gegenstand des ersten Kapitels seines Berichts über die Ergebnisse der Enquete.[60] Kurzum: Die Börse ist bereits sein neues Thema.

---

[58] Brief Webers an Schmoller vom 24. Oktober 1893, GStA Berlin, Rep. 92 Nl. Schmoller Nr. 186. – Gustav Schmoller hatte Webers Erstling drei Jahre zuvor positiv besprochen und u.a. geschrieben: „Sie (die Arbeit, K.B.) verbindet ein eindringliches Quellenstudium mit vorsichtiger wirtschaftlicher und scharfer juristischer Analyse." Rezension von *Gustav Schmoller* zu Weber, Max: Zur Geschichte der Handelsgesellschaften im Mittelalter, in: Jahrbuch für Gesetzgebung, Verwaltung und Volkswirthschaft, 14. Jg. (1890), S. 725f.
[59] Siehe Editorischer Bericht zu *Weber*, Die Börse I, MWG I/5, S. 130.
[60] *Weber*, Organisation der deutschen Börsen im Vergleich mit denjenigen des Auslandes, MWG I/5, S. 885–892.

Die Lücke zwischen dem Schmoller-Brief vom 3. Februar und den Zeugnissen von der bereits begonnenen Arbeit ist aus mehreren Gründen beklagenswert. Wir wüssten natürlich gern, ob Max Weber wieder einmal – wie schon bei der Landarbeiterenquete – gleichsam einem Ruf von außen gefolgt ist oder ob die Initiative zu dem radikalen Themenwechsel diesmal von ihm ausgegangen ist.[61] Falls *er* die Initiative entfaltet haben sollte, würde sich noch dringlicher als bei einer Auftragsarbeit die Frage anschließen müssen, welches seine Motive dafür gewesen sind, sich so plötzlich für eine neue Arbeitsrichtung zu entscheiden. Aber gleichgültig, ob es sich um Auftragsarbeiten oder ein von Weber selbst initiiertes Vorhaben handelt, stellt sich die Frage, woher Max Weber die Überzeugung hat gewinnen können, dass er überhaupt in der Lage war, auch in diesem Feld – gleichsam aus dem Stand – wissenschaftlichen Ansprüchen zu genügen.

Antworten auf diese Fragen sind um so dringlicher, als in die beschriebene zeitliche Lücke zwischen dem 3. Februar und Juni 1894 auch die Berufung Max Webers auf den Lehrstuhl für Nationalökonomie und Finanzwissenschaft in der Philosophischen Fakultät der Universität Freiburg und seine Ernennung am 25. April 1894 fallen. Da stellt sich die weitere Frage, ob Max Weber, als er sich zum Themawechsel entschloss, noch auf eine Karriere als Jurist setzte oder ob er schon vor der Entscheidung zwischen zwei so verschiedenen akademischen Laufbahnen stand, gar bereits zum Fachwechsel entschlossen war – und was es überhaupt mit dem vielfach als radikal beschriebenen Fachwechsel zur Nationalökonomie auf sich hat. Hängen Themenwechsel und Fachwechsel möglicherweise zusammen?

Wir haben keine Dokumente, um die in Hinblick auf die Biographie Webers höchst dringlichen Fragen mit Sicherheit beantworten zu können. Wir sind auf Indizien angewiesen. Glücklicherweise gibt es meiner Meinung nach genug Anhaltspunkte, um eine plausible Geschichte daraus zu machen. So brauchen wir

---

[61] Es ist auffällig, wie oft Webers Arbeiten ihre Entstehung Anregungen von aussen verdanken. Dies gilt nicht nur, worauf auch Marianne Weber eingegangen ist, für die Zeit nach seiner Krankheit. Siehe *Weber, Marianne*, Lebenserinnerungen, Bremen 1948, S. 122.

nicht einen recht weit hergeholten sachlichen Zusammenhang der Börsenschriften mit den vorhergehenden Arbeiten über die Landarbeiter zu konstruieren.[62] Auch müssen wir nicht mit Marianne Weber behaupten, schon in seinen Aufsätzen in der Zeitschrift für das gesamte Handelsrecht sei es Weber um Politik, „vor allem um den Terminhandel"[63] gegangen. – Das Streitthema Terminhandel ist überhaupt erst 1894/95 in den Mittelpunkt der politischen Auseinandersetzungen um die Börse gerückt, das gesetzliche Verbot des Terminhandels in Getreide gar erst 1896. Dieses Problem, so sehr es ihn später beschäftigt hat,[64] kann Weber nicht schon im Frühjahr 1894 veranlasst haben, eine so grosse Arbeit wie die Berichterstattung über die Enquete zu beginnen.

Biographen sind – wie alle Historiker – immer in Gefahr, ihre Kenntnis späterer Ereignisse zur Erklärung des Vorhergehenden zu nützen. Ich aber möchte mich ausdrücklich auf den Moment im I. Quartal 1894 konzentrieren, in dem Max Weber sein neues Thema gefunden hat.[65] Dieser Moment hat natürlich eine Vorgeschichte. Und zu der Vorgeschichte gehören meiner Meinung nach Webers Vorbildung in einer speziellen Art, sich mit dem Recht und seiner Geschichte auseinanderzusetzen. In diesem Zusammenhang ist vor allem auf die Prägung einzugehen, die Weber von seinem Doktorvater Levin Goldschmidt, dem bedeutenden

---

[62] Dirk Käsler hat angedeutet, dass Weber, nachdem er in den Landarbeiter-Arbeiten die große Bedeutung des nationalen und internationalen Getreidepreises für Grundbesitzer und Landarbeiter behandelt hat, sich gleichsam genötigt gefühlt haben könnte, darzustellen, dass der an den Börsen gebildete Getreidepreis nicht auf Lug und Trug beruht. Vgl. Käsler, Dirk, Einführung a. a. O. S. 67. Es ist aber wenig wahrscheinlich, dass sich in Hinblick auf diese Frage eine mehrjährige, weit ausgreifende Beschäftigung mit der Enquete aufgedrängt haben sollte. Zudem hat Max Weber die Aufsatzserie über die Ergebnisse der Börsenenquete abgebrochen, ohne jene Probleme behandelt zu haben, um die es ihm nach Käslers Hypothese eigentlich gegangen ist.
[63] Weber, Marianne, Lebensbild, S. 209.
[64] Max Weber hat 1896 die Aufsatzserie „Die Ergebnisse der Börsenenquete" abgebrochen, ohne noch den Problemkomplex Getreideterminhandel zu besprechen! – Der Torso-Charakter zahlreicher Arbeiten Webers verdiente eine eigene Betrachtung.
[65] Wie in der Einleitung zu MWG I/5, S. 93, näher ausgeführt ist, wird vermutet, dass Max Weber sich zuerst für die Auswertung der Börsenenquete entschieden hat und dass alle anderen Arbeiten gleichsam als Nebenprodukte der übernommenen Aufgabe entstanden sind.

Romanisten, Rechtshistoriker und dem Mitbegründer der Wissenschaft vom Handelsrecht bekommen hat.[66] Der seit 1875 in Berlin lehrende Levin Goldschmidt war auch der Begründer der Zeitschrift für das gesamte Handelsrecht. Er – oder auf seine Anregung hin ein anderer Herausgeber – könnten im Februar oder März 1894, als alle Materialien der Enquete veröffentlicht waren, Max Weber um die Besprechung der Ergebnisse gebeten haben.[67] Dass eine solche Besprechung in der Zeitschrift erscheinen musste, lag auf der Hand. Es ist nicht ganz auszuschließen, dass Max Weber sich selbst gemeldet hat. Aber wahrscheinlich ist das nicht. Schließlich hatte er bis dahin keine Zeile zu den in der Enquete verhandelten Fragen veröffentlicht. Freilich könnte ihn gereizt haben, sich noch einmal an so einem Riesenmaterial zu versuchen, wie er es bereits 1892 bei der Enquete des „Vereins für Socialpolitik" getan hat, aus der sein Staunen erregender Bericht über die Lage der Landarbeiter im ostelbischen Deutschland hervorgegangen war. Aber Weber selbst nennt in einem Brief an seine Frau sein Aufsatzprojekt bezeichnenderweise „Börse für Goldschmidt".[68] Und in der Vorbemerkung zu seiner Aufsatzserie

---

[66] Zu Levin Goldschmidt siehe *Weyhe, Lothar*, Levin Goldschmidt. Ein Gelehrtenleben in Deutschland. Grundfragen des Handelsrechts und der Zivilrechtswissenschaft in der zweiten Hälfte des 19. Jahrhunderts, Berlin 1996; *Schmidt, Karsten*, Levin Goldschmidt (1829–1897). Der Begründer der modernen Handelsrechtswissenschaft, in: *Heinrichs, H.,* u. a. (Hrsg.), Deutsche Juristen jüdischer Herkunft, München 1993, S. 215–230.

Den Zeitgenossen war die Bedeutung Goldschmidts für Max Weber geläufig, vgl. *Schulze-Gaevernitz, Gerhart von,* Max Weber als Nationalökonom, in: Frankfurter Zeitung, 7. Juli 1920, wieder abgedruckt in: *König/Winckelmann,* Max Weber zum Gedächtnis, S. 54; *Schumacher, Hermann,* Weber, Max, in: Deutsches Biographisches Jahrbuch, hrsg. vom Verbande der deutschen Akademien, Überleitungsband II: 1917–1920, Stuttgart 1928, S. 594; *Honigsheim, Paul,* Erinnerungen an Max Weber, in: *König/Winckelmann,* Max Weber zum Gedächtnis, S. 212. – Siehe auch *Swedberg, Richard,* Max Weber and the Idea of Economic Sociology, Princeton 1998, S. 244 f.

[67] Dem steht nicht zwingend entgegen, dass Goldschmidt nach seiner Erkrankung im Sommer 1892 nicht mehr die Leitung der regelmäßigen Redaktionsgeschäfte in Händen hatte. Siehe hierzu *Lothar Weyhe,* Levin Goldschmidt, S. 177.

[68] Brief an Marianne Weber v. 28. Juli 1894, Bestand Max Weber-Schäfer, Deponat BSB München, Ana 446 (vorgesehen für MWG II/2). Siehe auch Editorischer Bericht zu *Weber,* Ergebnisse, MWG I/5, S. 71.

räumt er ein, dass er sich zu diesem Versuch „gewiss nicht in erster Reihe berufen fühlen konnte."[69] Mehr noch als die Verantwortlichen im Verein für Socialpolitik 1892 Grund hatten, dem bis dahin für die Gegenstände der Landarbeiterenquete bislang gänzlich unausgewiesenen Juristen Max Weber zu vertrauen,[70] hatte jedenfalls Levin Goldschmidt Grund zu der Annahme, Weber sei der richtige Mann für die Börsenenquete. Goldschmidt stand der Familie Weber seit langem, eigentlich schon seit seiner Zeit in Heidelberg nahe, als er 1862–1870 im Hause der Großeltern von Max Weber an der Ziegelhäuser Landstraße gewohnt hatte.[71] In Goldschmidts Bibliothek durfte Weber arbeiten, als er seine Dissertation schrieb. Und es war nicht zuletzt Goldschmidt zu danken, dass Weber nach Vorlage der „Römischen Agrargeschichte in ihrer Bedeutung für das Staats- und Privatrecht" auf einem etwas eigentümlichen Weg auch für das Handelsrecht habilitiert wurde.[72] Goldschmidt kannte also Max Webers Fähigkeiten, seine Arbeitskraft und Interessen – übrigens ohne unkritisch zu sein. Er hat Webers Dissertation nur mit „cum laude" bewertet und überdies in der Neuauflage seiner „Universalgeschichte des Handelsrechts" an recht vielen Ausführungen seines Schülers Kritik geübt.[73]

---

[69] *Weber*, Ergebnisse, MWG I/5, S. 214.

[70] „Warum man den Juristen Max Weber in die Landarbeiterenquete einbezog und ihm den wichtigsten Teil der Erhebung übertrug, wo doch mit Karl Kaerger ein Fachmann für die Landarbeiterfrage im deutschen Osten bereitstand, konnte nicht geklärt werden." *Riesebrodt, Martin*, Editorischer Bericht zu *Max Weber*, Die Lage der Landarbeiter im ostelbischen Deutschland, MWG I/3 S. 23. Gewisse Hinweise gibt neuerdings *Deininger, Jürgen*, Einleitung zu *Max Weber*, Die römische Agrargeschichte in ihrer Bedeutung für das Staats- und Privatrecht, MWG I/2, S. 12.

[71] Herausgeberanmerkung in *Weber*, Briefe 1909–1910 (MWG II/6), S. 375.

[72] Zu den Umständen der Habilitation *Deininger, Jürgen*, Editorischer Bericht zu *Max Weber*, Die römische Agrargeschichte in ihrer Bedeutung für das Staats- und Privatrecht, MWG I/2 S. 58–67.

[73] *Goldschmidt, Levin*, Handbuch des Handelsrechts, 3. völlig umgearbeitete Aufl., I. Band. Geschichtlich-literarische Einleitung und die Grundlehren. Erste Abtheilung: Universalgeschichte des Handelsrechts, Erste Lieferung, Stuttgart 1891, S. 240–290. Von 31 Verweisen auf Max Webers „Zur Geschichte der Handelsgesellschaften im Mittelalter" enthalten 10 z. T. bemerkenswert scharf formulierte kritische Kommentare. Siehe auch Brief Max Webers an Lujo Brentano vom 20. Februar 1893 in:

Aber Goldschmidt mochte auch weitere Gründe haben, Weber mit dieser Aufgabe zu betrauen, und vielleicht hat Weber ebenfalls an das Folgende gedacht: Ein genauer fachmännischer Bericht über die Enquete in der Zeitschrift für das gesamte Handelsrecht war möglicherweise geeignet, Max Webers keineswegs gefestigte Position in der Berliner Fakultät für „Rechtsgelahrtheit" zu fördern. Im November 1893 war er, der sich im Februar 1892 für die Fächer Römisches (Staats- und Privat-)Recht und Handelsrecht habilitiert hatte, unter etwas mysteriösen Umständen zum nichtetatmässigen außerordentlichen Professor für Handelsrecht und Deutsches Recht ernannt worden. Es ist hier nicht der Ort, auf die bislang noch nicht völlig geklärte Frage einzugehen, welche Absichten der Universitätsdezernent im preußischen Kultusministerium Friedrich Althoff verfolgte, als er – ohne förmlichen Antrag der Juristischen Fakultät,[74] aber im Besitze eines Schreibens des erkrankten und zur Abhaltung von Lehrveranstaltungen einstweilen nicht fähigen Levin Goldschmidt[75] – die Ernennung Webers zum außerordentlichen Professor für Handelsrecht und Deutsches Recht bewirkte. (Für Letzteres war Weber nicht habilitiert.) Etliches spricht dafür, dass dies auch der Abwehr eines in Freiburg bereits vorbereiteten Rufs an Max Weber auf den dortigen Lehrstuhl für Nationalökonomie und Finanzwissenschaft dienen sollte, von dem schon viele – auch Weber – Kenntnis hatten. Tatsächlich schloss sich aber die badische Kultusverwaltung dem Anliegen der Freiburger Fakultät im Jahr 1893 nicht sogleich an und erteilte den Ruf noch nicht. So war Max Weber nach seiner – erstaunlich frühen – Ernennung zum Extraordinarius zuständig für zwei Fächer,

---

Weber, Max, Jugendbriefe, mit einer Einführung hrsg. v. *Marianne Weber,* Tübingen o. J. (1936), S. 363.

[74] Die Initiative für die Ernennung Max Webers zum Extraordinarius lag beim preußischen Kultusministerium. Hinsichtlich des Charakters der Mitwirkung der Juristischen Fakultät gibt es verschiedene Versionen. Zum Vorgang siehe *Weber, Marianne,* Lebensbild, S. 211 f.; *Mommsen, Wolfgang J.,* Einleitung zu MWG I/4, S. 39 f.; Herausgeberanmerkungen zu Briefen, die sich auf Vorgänge im Zusammenhang mit der Ernennung beziehen, in: *Weber,* Briefe 1911–1912 (MWG II/7), 284–329.

[75] Brief Levin Goldschmidts an Geheimrath Althoff vom 14. Oktober 1893, GStA Berlin, Rep. 76 Va, Sekt. 2, Tit. IV, Nr. 45, Bd. V, Bl. 135, abgedruckt in: Levin Goldschmidt. Ein Lebensbild in Briefen, hrsg. v. *Adele Goldschmidt,* Berlin 1898, S. 470. Dort mit falschem Datum (14. November 1893).

die an der Fakultät neben Goldschmidt schon durch so bedeutende Kollegen wie Otto Gierke und Heinrich Brunner vertreten wurden. Aber Weber hatte bislang weder auf dem Gebiet des Handelsrechts noch des deutschen Rechts einschlägige, die entsprechende Fachwelt beeindruckende Arbeiten vorgelegt.[76] Und überhaupt nichts gab es von ihm zum geltenden Handelsrecht oder zu einem gesetzgeberischen Vorhaben.[77] Konnte man nicht erwarten, dass es für den Herrn Professor nun gewissermaßen hohe Zeit war, etwas Aktuelles zu liefern? Wenn wir unterstellen dürfen, dass Max Weber den Auftrag zur Anfertigung der „Ergebnisse der deutschen Börsenenquete" annahm, bevor ihn im April der nun definitive Ruf nach Freiburg erreichte, so würde die Entscheidung jedenfalls recht gut in eine plausible Karriereplanung passen.[78]

Allerdings bedürfen dann noch zwei Fragen einer etwas genaueren Betrachtung: 1. War denn nicht das Thema „Börse" eigentlich ein nationalökonomisches und somit auf sein Freiburger Lehramt zugeschnittenes? 2. Ich habe davon gesprochen, dass Goldschmidt seinem Schüler die Anfertigung der Besprechung für seine Zeitschrift zugetraut und dass Weber selbst sie ja wohl für

---

[76] Zwar ist Max Webers aus der Dissertation hervorgegangenes Buch „Zur Geschichte der Handelsgesellschaften im Mittelalter" für die Zwecke der Habilitation als handelsrechtliche Arbeit angenommen worden, aber weder war die Dissertation mit einer herausragenden Note beurteilt noch war ihre Zuordnung zum Handelsrecht – anders als zur Rechtsgeschichte – über allen Zweifel erhaben.

[77] Im Rahmen des Habilitationsverfahrens am 19. Januar 1892 hat Max Weber eine Probevorlesung über ein handelsrechtliches Thema gehalten: „Die Gewerbe-Gesellschaft ohne Firma in jetzigem Recht." Sie ist nicht veröffentlicht worden. Vgl. *Deininger, Jürgen*, Editorischer Bericht zu MWG I/2, S. 66.

[78] Anders als Werner Gephart, der den Wechsel nach Freiburg als „Ausbruch aus den Fesseln der ‚öden Juristerei'" beschreibt und von einer „Flucht aus der Jurisprudenz" spricht, beschreibt Wolfgang Mommsen den Weggang als eine „schwere Entscheidung". Unter Verweis auf einen allerdings vom 15. Juli 1893 stammenden Brief an Clara Weber schätzt Mommsen, Max Weber hätte eine ordentliche Professur in Berlin „entschieden vorgezogen". Vgl. *Gephart, Werner*, Gesellschaftstheorie und Recht. Das Recht im soziologischen Diskurs der Moderne, Frankfurt a. M. 1993, S. 427; *Mommsen, Wolfgang J.*, Einleitung zu MWG I/4, S. 40. Von der „öden Juristerei" spricht Max Weber in einem Brief an seine Mutter vom 26. Juli 1893 in Hinblick auf Nachrichten über seine Berufungschancen in Freiburg. *Weber, Max*, Jugendbriefe a. a. O. S. 372.

möglich gehalten hat. Worauf gründeten sich aber Vertrauen und Hoffnung beider?[79]

Zur ersten Frage: Tatsächlich waren Probleme der Börse und der an ihnen und in ihrem Umfeld betriebenen Geschäfte seinerzeit Gegenstand sowohl der Rechtswissenschaft als auch der Nationalökonomie. In der Nationalökonomie waren sie aber bis zu den neunziger Jahren nur ein wenig gepflegtes Seitenthema. Wohl wurde die Institution Börse gelegentlich in den Lehrbüchern erwähnt, aber es gab keine breite Fachdiskussion über Streitfragen.[80] Gerade erst hatten um 1890 einige Doktoranden begonnen, sich in diesem Feld zu tummeln und, ganz im Sinne des Forschungsprogramms der Historischen Schule, empirisch-vergleichende Studien über die Börsenorganisation und die Börsengeschäfte im In- und Ausland vorgelegt.[81]

In der Rechtswissenschaft war die Lage eine ganz andere. An Erörterungen über die verschiedensten Aspekte der Börsenorganisation und der an Börsen betriebenen Geschäfte, die auch Gegenstand der Börsenenquete gewesen sind, beteiligten sich seit

---

[79] Ich muss es mir versagen, in diesem Vortrag auch noch auf die Frage einzugehen, ob nicht Weber aus persönlicher Lebenserfahrung bzw. aus Teilnahme an den familiären Vermögensdispositionen mit Problemen des Wertpapiergeschäfts vertraut war. Wie *Dirk Käsler,* Der retuschierte Klassiker, a. a. O. S. 38, zurecht gerügt hat, ist bislang, den Deutungen Marianne Webers unkritisch folgend, vornehmlich der bildungsbürgerliche Hintergrund der Verwandtschaft von Max Webers Mutter beachtet worden. Dass zu ihren Vorfahren reiche Kaufleute gehörten und dass der Vater dem besitzenden Wirtschaftsbürgertum entstammte und zahlreiche Kontakte nicht nur mit einflussreichen Politikern, sondern auch mit Kennern des Kapitalmarktes hatte (darunter Georg Siemens, Direktor der Deutschen Bank), wird hoffentlich bald in einem vor dem Abschluss stehenden Buch von Guenther Roth, „Max Webers angloamerikanische Familiengeschichte in Briefen und Dokumenten" nachzulesen sein.

[80] Ganz im Gegensatz zur Agrarpolitik, wo Max Weber seit 1892 an der Diskussion beteiligt war. Hier traf man auf viele Grössen des Faches wie Lujo Brentano, Adolf Buchenberger, Johannes Conrad, Georg Hanssen, Karl Theodor von Inama-Sternegg, Georg Friedrich Knapp, August Meitzen, Franz Oppenheimer, Wilhelm Roscher, Adolph Wagner u. a. mehr.

[81] Siehe Einleitung zu MWG I/5: Die nationalökonomische Diskussion über die Börse und ihre Geschäfte bis 1891 mit den Abschnitten: a) Die Börse als neuer Gegenstand der Nationalökonomie, S. 41 ff., b) Das Zeitgeschäft in der nationalökonomischen Theorie, S. 45 ff., c) Hauptaspekte der nationalökonomischen Reformdiskussion, S. 51 ff.

Jahrzehnten die führenden Juristen. Das im Allgemeinen Deutschen Handelsgesetzbuch von 1861 nur unzureichend geregelte Recht der Makler, die mannigfachen Missbräuche im Kommissionsgeschäft und die Probleme des Anlegerschutzes bei der Emission von Wertpapieren sind in der juristischen Literatur von einer ständig wachsenden Zahl von Autoren behandelt worden.[82]

Besonders intensiv wurde die Auseinandersetzung über sogenannte Auswüchse des „Börsenspiels" geführt.[83] Dabei ging es vornehmlich um die Frage, ob Verpflichtungen aus Geschäften, bei denen es am Ende nicht zu Lieferung und Bezahlung von Wertpapieren oder Waren kam, sondern nur zum Ausgleich der Differenz zwischen einem zuvor verabredeten zukünftigen Preis und dem am festgesetzten Termin tatsächlich an der Börse erzielbaren Preis, sogenannte „Differenzgeschäfte", wie Verpflichtungen aus seriösen Kaufverträgen oder nicht eher wie Spiel oder Wette zu behandeln seien. Ansprüche aus Kaufverträgen konnte man im Streitfall durch Klagen vor Gericht durchsetzen. Wer aber seine Spiel- und Wettschulden nicht bezahlen wollte, konnte auch damals nicht mit Hilfe der Justiz zur Erfüllung gezwungen werden. Derartige Ansprüche waren – wie der Fachausdruck heißt – unklagbar. Konnte man sich aber nicht auch mit den Börsentermingeschäften um Kopf und Kragen spekulieren und sollte man deshalb den Schuldnern nicht die Möglichkeit eröffnen, sich durch Erhebung des sogenannten „Differenzeinwandes" von der Zahlungspflicht zu befreien – so unanständig das im Einzelfall sein mochte, denn im Falle des Gewinns hätte man ja wohl die Annahme des Gewinns nicht verweigert? Vier Deutsche Juristentage haben sich mit Fragen des spekulativen Zeitgeschäfts, seiner Rechtsnatur, gar mit der Möglichkeit des Verbots, auseinandergesetzt. Wie vor allem Udo Wolter gezeigt hat, haben sich an den Auseinandersetzungen über diese Fragen nahezu alle großen Gelehrten des Zivilrechts beteiligt. Und auch an Max Webers Berliner Juristenfakultät gingen die Ansichten 1894 deutlich auseinander. Noch als Richter am Reichsoberhandelsgericht hatte Levin Goldschmidt, dem an der Börse üblichen Termingeschäft als sol-

---

[82] Siehe hierzu Einleitung zu MWG I/5, S. 31–37.
[83] Siehe hierzu Einleitung zu MWG I/5, S. 28–31.

chem aufgeschlossen, an der Entwicklung der bis 1892 geltenden höchstinstanzlichen Rechtsprechung mitgewirkt. Sie begrenzte die Zulässigkeit des sogenannten „Differenzeinwands" auf solche Verträge, in denen ausdrücklich nur die Zahlung von Differenzen vereinbart waren. Solche Verträge waren allerdings selten. Der Regelfall waren Verträge, die wie reelle Lieferungsverträge aussahen, bei denen aber die Parteien sich am Ende regelmäßig mit der Zahlung der Differenz begnügten. Bis zu einer dramatischen Wende in der Rechtsprechung des Reichsgerichts im Jahr 1892 waren solche Verträge klagbar. Dass dies ab 1892 nicht mehr ohne weiteres galt, ist von Webers großen Kollegen Brunner, Gierke und Kohler lebhaft begrüßt worden. Sie wollten, wie viele andere, das „Börsenspiel" eingeschränkt sehen.[84]

Ein weiterer Juristen-Streit ist insbesondere in Hinblick auf Max Webers Denken von besonderem Interesse: In der Mitte des 19. Jahrhunderts hat Levin Goldschmidt, damals noch Privatdozent in Heidelberg, eine Auseinandersetzung eröffnet, die unter dem Namen „Lucca-Pistoia-Aktienstreit" in die Rechtsgeschichte eingegangen ist. Dabei ging es um die Frage, unter welchen Voraussetzungen ein Bankier für Mängel eines von ihm herausgegebenen Emissionsprospekts haften sollte.[85] In einem Gutachten sprach sich Goldschmidt, nach Darlegung verschiedener Gründe, gegen die Haftung eines Frankfurter Bankiers für dessen unbestritten unvollständige Angaben über ein später bankrott gegangenes toskanisches Eisenbahnunternehmen aus. Dem trat der seinerzeit noch in Gießen lehrende Rudolf Ihering mit Wucht entgegen. Er sah – anders als Goldschmidt – in der Unvollständigkeit der Angaben eine Betrugsabsicht und wollte – ebenfalls anders als Goldschmidt – ein Mitverschulden der durchaus sachverständigen Kläger, die sich nicht ausreichend informiert hatten, nicht akzeptieren. In der bis 1869 erbittert geführten Diskussion war nie bestritten, dass einzig und allein eine absichtliche Rechtsverletzung des Vermittlers, also

---

[84] Siehe *Wolter, Udo*, Termingeschäftsfähigkeit a. a. O. S. 39, 61, 74 und 87, 113 f.
[85] Siehe hierzu *Weyhe, Lothar*, Levin Goldschmidt a. a. O, S. 222–231; *Assmann, Hans-Dieter*, Prospekthaftung als Haftung für die Verletzung kapitalmarktbezogener Informationsverkehrspflichten nach deutschem und US-amerikanischem Recht, Köln u. a. 1985, S. 20–22; Einleitung zu MWG I/5, S. 38 f.

Betrug, die Haftung begründen sollte. Aber es zeigten sich weite Spielräume bei der Einschätzung dessen, worüber Käufer ausdrücklich vom Verkäufer informiert werden sollten und was von den Erwerbern nach dem Grundsatz „caveat emptor" (der Käufer soll aufpassen) an eigener Informationsanstrengung und Sachkunde zu verlangen sei. Rudolf Ihering hat Goldschmidt mit der Unterstellung gekränkt, dieser habe ein „Interesse des Verkehrs an laxer Handhabung der Grundsätze über den dolus" vertreten.[86] – In dieser Auseinandersetzung ist bereits jener Zielkonflikt zwischen Funktionserfordernissen des Marktes, Anlegerschutz und moralischer Wertung thematisiert worden, den Max Weber in seinen Börsenschriften vielfach angesprochen hat. Indem Weber sich gegen eine allzu moralisierende Betrachtung der Handlungen am Kapitalmarkt (als eines Marktes von Kennern) wendete, stellte er sich auch an die Seite seines Lehrers.

Wenn ich auf die Bedeutung Goldschmidts für Max Weber und speziell auch für die Börsenschriften hinweise, so folge ich übrigens dem Hinweis, den Gerhart von Schulze-Gaevernitz, als Extraordinarius Webers Kollege in Freiburg und somit unmittelbarer Zeuge von dessen Arbeit,[87] in seinem Nekrolog gegeben hat: „Von Goldschmidt ausgehend, beschäftigte sich Max Weber eindringlich mit der Börse."[88] Lassen Sie mich den Versuch unternehmen, noch genauer auszuführen, was das heißen könnte.[89]

Max Webers Interesse an den Ergebnissen der deutschen Börsenenquete und an der fortgesetzten Beobachtung der Reformak-

---

[86] *Ihering, Rudolf,* Der Lucca-Pistoja Eisenbahnstreit: Ein Beitrag zu mehreren Fragen des Obligationenrechts, insbesondere der Theorie des dolus und der Lehre von der Stellvertretung, in: Archiv für praktische Rechtswissenschaft, N. F. Bd. 4 (1867), S. 271.

[87] Weber und Schulze-Gaevernitz haben in jedem Semester gemeinsam ein „Kameralistisches Seminar" abgehalten. Es ist unwahrscheinlich, dass hier nicht über aktuelle Börsenfragen und somit auch über Webers Auffassungen gesprochen worden ist.

[88] *Schulze-Gaevernitz, Gerhart von,* Max Weber als Nationalökonom, in: Frankfurter Zeitung, 7. Juli 1920, wieder abgedruckt in: *Palyi, Melchior* (Hrsg.), Hauptprobleme der Soziologie. Erinnerungsgabe für Max Weber, Band 1, München und Leipzig 1923, S. XIV, sowie in *König/Winckelmann,* Max Weber zum Gedächtnis, S. 54.

[89] Ich stütze mich im folgenden, soweit es Goldschmidt betrifft, weitgehend auf *Weyhe, Lothar,* Levin Goldschmidt, a. a. O., und mir zugängliche Werke Goldschmidts, ohne alle Aussagen im Detail zu belegen.

tivitäten ist leichter verständlich, wenn man beachtet, was dieser in der Vorbemerkung zu seinem Erstlingswerk „Zur Geschichte der Handelsgesellschaften im Mittelalter" als sein Erkenntnisinteresse beschrieben hat. Weber meinte, dass in Hinblick auf die Entstehung bestimmter Typen von Handelsgesellschaften noch nicht ausreichend geklärt war, „(wie) ... sich im einzelnen die Rechtsbildung gestaltet hat, – ob hier ganz neue Rechtsgedanken, aus den schnell sich vervielfältigenden Bedürfnissen des Tages erwachsen, durch Übergang in den Handelsgebrauch und von da in das Handelsgewohnheitsrecht, sich Anerkennung verschafften ..."[90] Um Derartiges mußte es auch gehen, wenn man verstehen wollte, wie sich die Börsen und ihr Recht entwickelt hatten, wie die jeweiligen wirtschaftlichen und gesellschaftlichen Verhältnisse danach gedrängt haben, sich das ihnen angemessene private Recht der Börse zu schaffen. Aber wie viel mehr und bessere Quellen standen jetzt für *diese* Aufgabe zur Verfügung. Die Sachverständigenvernehmungen der Enquete und etliche gerade erschienenen historisch-systematischen Studien enthielten ein riesiges Material, das es zu ordnen galt.

Aber nicht nur hinsichtlich des Grundproblems der Entstehung von (Handels-)Recht in Wechselwirkung mit den Bedürfnissen des Tages befand sich Weber, als er sich der Börse zuwendete, auf vertrautem Boden. Obwohl Goldschmidt selbst nahezu nichts über Probleme der Börse publiziert hat,[91] konnte sich Weber hinsichtlich der großen Fragen der Gestaltung des Börsenwesens seiner Zeit gleichsam im Schatten Goldschmidts bewegen. So hatte Goldschmidt gezeigt, dass der grösste Teil des in allen Ländern herrschenden Handelsrechts „aus der genialen schöpferischen Kraft des Europäischen, insbesondere des italienischen Kaufmannsstandes, meistens mehr gehemmt als gefördert durch die Civilisten und Kanonisten, zum Theil in Widerspruch gegen Römisches, insbesondere aber kanonisches Recht, zum Theil daneben (contra –

---

[90] *Weber, Max,* Zur Geschichte der Handelsgesellschaften im Mittelalter. Nach südeuropäischen Quellen. Stuttgart 1889 S. 1, vorgesehen für MWG I/1.

[91] Die einzige spezielle Veröffentlichung: *Goldschmidt, Levin,* Börsen und Banken, in: Preußische Jahrbücher, Bd. 68 (1891) S. 876–887, befasst sich mit dem Fehlverhalten von Banken in der Krise 1891 und den Folgerungen, die für das Depotrecht zu ziehen wären.

praeter legem) entstanden ist."⁹² Handelsrecht war demgemäß in historischer Sicht zunächst Recht *von* Kaufleuten *für* Kaufleute. Selbst dort, wo an die Stelle des kaufmännischen Gewohnheitsrechts im Verlauf von Kodifizierungsprozessen von Gesetzgebern verordnetes Recht getreten ist, zeichnete man zumeist nur auf, was zuvor als Usance unter Kaufleuten bereits allgemeine Geltung hatte. Weber brauchte, als er die Börsen zu studieren begann, nur konsequent weiter zu fragen: Würde sich in Hinblick auf das Recht der Börsen am Ende des 19. Jahrhunderts empfehlen, ähnlich vorzugehen und allenfalls das, was sich autonom unter den Kaufleuten an der Börse entwickelt hatte, in Gesetzesform zu bringen? Oder hatte der Gesetzgeber jetzt eine andere Aufgabe – und wenn ja, warum und welche?

Goldschmidt hat dafür gekämpft, dass in Deutschland das Handelsrecht nicht, wie der französische Code de Commerce, nur das Recht der spezifischen Handelsgeschäfte zusammenfasste. Er wollte ein gleichsam ständisches Sonderrecht für die Kaufleute. In diesem Sinne war ja auch das 1900 in Kraft getretene HGB konzipiert. Dafür sprach, dass ein solches Recht die Forderungen des Handelsverkehrs besser erfüllte: Klarheit der Verhältnisse zwischen denen, die es wissen müssen; Eindeutigkeit und Sicherheit der Regeln, schnelle Erledigung von Streitigkeiten, Berücksichtigung von Treu und Glauben, Anerkennung einer spezifischen kaufmännischen Ehre, aber auch der Selbstverständlichkeit, dass Kaufleute durch spekulative Geschäfte Gewinn erzielen wollen. Wenn das Handelsrecht ein Standesrecht im Dienste der Erfüllung wirtschaftlicher Funktionen war, konnte dann nicht das Börsenrecht darauf aufbauen? Wieder können wir Webers Börsenschriften entnehmen, wie er das Werk seines Lehrers gleichsam fortsetzt. Weil Max Weber erkennt, dass z. B. hinsichtlich des eben erwähnten „Differenzgeschäfts" „die Kollision des Rechtsbewusstseins des Händlerstandes, der den Differenzeinwand als schnöde Unreellität empfindet, und des Publikums, welches nicht versteht, wie der Staat seine Zwangsgewalt in den Dienst der Realisirung von Hazardschulden

---

⁹² *Goldschmidt, Levin,* Rechtsstudien und Prüfungsordnung. Ein Beitrag zur Preußischen und Deutschen Rechtsgeschichte, Stuttgart 1887, S. 440; ders., Universalgeschichte des Handelsrechts, 1. Band, 3. Aufl. Stuttgart 1891, S. 17 f.

stellen kann", prinzipiell unüberbrückbar ist,[93] Termingeschäfte aber wirtschaftlich nicht entbehrlich schienen, ist ihm an einer sauberen Trennung der Sphären gelegen. Das sprach für ein Sonderrecht der Börse, tunlichst in Autonomie der zum Handel an der Börse Berufenen. Deshalb waren für Weber die Fragen des Zugangs zur Börse (bzw. des Ausschlusses der sogenannten kapitallosen Spekulanten) und der Ehrengerichtsbarkeit Zentralfragen der Reform des deutschen Börsenwesens. Am Ende spitzte er seine Reformvorstellungen zu, als er im provisorischen Börsenausschuss dem Grafen Arnim, dem Führer der börsenfeindlichen Agrarlobby, seine Anschauungen entgegenstellte, „die vielmehr dahin gehen würden, eine gewisse, wenn man es unfreundlich ausdrücken würde, plutokratische Abschließung der Börse herbeizuführen, insofern, als ich weniger den schwer zu erbringenden moralischen Befähigungsnachweis, wie ihn die Börsenenquete-Kommission und das Börsengesetz erstreben, als vielmehr den ökonomischen Befähigungsnachweis, nämlich den Nachweis eines bestimmten Besitzes, eingeführt sehen möchte ..." Allerdings fuhr er fort: „... ein Gedanke, an dessen Durchführung zur Zeit nach Lage der Stimmung in Deutschland allerdings gar nicht zu denken ist."[94]

Am Ende des 19. Jahrhunderts hatte der Gedanke der Vertragsfreiheit im Zivilrecht schon nicht mehr die unbedingte Geltung, die er auf dem Höhepunkt der Überzeugungskraft liberaler Ideen einmal besessen hatte. Mehr und mehr griff der Staat aus den verschiedensten, vornehmlich aus sozialpolitischen Motiven in die vertraglichen Beziehungen der Bürger ein. Sogar im Handelsrecht wurde der Schutz der vorgeblich Schwächeren, der weniger Vermögenden, ein politisches Anliegen, dem sich zuerst die Gerichte öffneten und das der Gesetzgeber später aufnahm.[95] Doch war der Konflikt in der Sache nicht so neu, wie es damals nach dem Hö-

---

[93] *Weber,* Ergebnisse, MWG I/5, S. 509.
[94] *Weber,* (Beiträge zu den) Verhandlungen des provisorischen Börsenausschusses, 5. Verhandlungstag, MWG I/5, S. 714.
[95] Siehe die Entwicklung des Aktienrechts im 19. Jh., insbesondere die Novelle von 1884 zu den aktienrechtlichen Bestimmungen in ADHGB. Ein Beispiel ist auch die Wende der Rechtsprechung des Reichsgerichts in der Behandlung der „Differenzgeschäfte", siehe Einleitung zu MWG I/5, S. 63 ff.

hepunkt der Geltung liberaler Anschauungen erscheinen mochte. Goldschmidt hatte in seiner Universalgeschichte des Handelsrechts an vielen Beispielen gezeigt, wie sich das in der Tendenz „individualistische" und zugleich „kosmopolitische" Handelsrecht schon immer gegen „soziale" oder „kollektivistische" Strömungen im Wirtschaftsleben hat zur Wehr setzen müssen.[96] Sein Schüler konnte somit als sensibilisiert für die Gefahren gelten, die von daher immer dem Funktionieren der Märkte drohen. Auch solche Gefahren standen im Zentrum rechtspolitischer Erwägungen Webers in Hinblick auf die Entwicklung der Börsen – und nicht nur seine in der Literatur bislang allein betonte Orientierung am Machtstaatsgedanken.

Weil Goldschmidt wirtschaftlichen Faktoren für die Erkenntnis und Fortbildung des Rechts einen grossen Einfluss zuschrieb und wirtschaftliche Verhältnisse durchaus selbständig zu beurteilen vermochte, genoss er übrigens auch seitens der Nationalökonomen seiner Zeit hohes Ansehen.[97] Er bestand aber dessen ungeachtet auf der Eigengeltung des spezifisch juristischen (formalen) Denkens – wie später auch Max Weber in seiner Rechtssoziologie. Allerdings hat Goldschmidt schon 1860 zugegeben, dass die Beschäftigung mit dem Handelsrecht die Gefahr mit sich brächte, „der strengen positiven Jurisprudenz untreu zu werden."[98]

---

[96] Kurz zusammen gefasst in *Goldschmidt, Levin*, Das Recht des Handels. Geschichtliche Entwicklung, in: Handwörterbuch der Staatswissenschaften, Bd. 4 (1892), S. 729–339.

[97] Es wäre reizvoll, ausführlicher auf das Verhältnis von Jurisprudenz und Nationalökonomie in dieser Zeit einzugehen. Bezeichnend ist die Äußerung Wilhelm Roschers: „In zahllosen Fällen gibt uns die Rechtswissenschaft nur das äußerliche Wie; erst die Nationalökonomie fügt das tiefere Warum hinzu." *Roscher, Wilhelm*, System der Volkswirtschaft, Bd. I. Die Grundlagen der Nationalökonomie, 6. Aufl. Stuttgart 1866, S. 28. „Sie (die Nationalökonomie, K.B.) ist für die grosse Mehrzahl der Rechtsfragen eben die systematisch ausgearbeitete Wissenschaft von der ‚Natur der Sache'." Ebd., S. 30, Anmerkung 6. Zum Problemkreis siehe neuerdings *Pearson, Heath*, Origins of Law and Economics. The Economist's New Science of Law, 1830–1930, Cambridge u. a. 1997.

[98] Brief von Levin Goldschmidt an Professor Fitting vom 1. Juli 1860, in: Levin Goldschmidt. Ein Lebensbild in Briefen, hrsg. von *Adele Goldschmidt*, Berlin 1898 S. 236.

V.

Ganz sicher ist Max Weber der „strengen positiven Jurisprudenz untreu" geworden, wenn er ihr je treu gewesen ist. Aber hat er, als er im April 1894 den Ruf nach Freiburg annahm, wirklich den Kopfsprung in die Nationalökonomie vollzogen bzw. Brücken hinter sich abgebrochen? In der Weber-Literatur scheint es daran wenig Zweifel zu geben. Dann aber bleiben die Börsenschriften ein Rätsel. Ich meine jedoch, dass über den angeblichen „Wechsel von der Rechtswissenschaft zur Nationalökonomie", wie Wolfgang Mommsen es formuliert hat, noch einmal nachgedacht werden sollte.[99] Gewiss, Weber hat sich ab 1894 selbst oft genug als „Nationalökonom" bezeichnet.[100] Aber was sollte er als Inhaber eines Lehrstuhls für „Nationalökonomie und Finanzwissenschaft" auch anderes tun? Um so bemerkenswerter scheint mir der bislang nicht genügend beachtete Umstand, dass Max Weber in Freiburg auch Veranstaltungen in der Juristischen Fakultät bzw. in der Abteilung der „juristischen Fächer" der Rechts- und Staatswissenschaftlichen Fakultät angekündigt hat.[101] So hat er, der ja eigentlich schon dadurch ungeheuer belastet war, dass er nationalökonomische Vorlesungen vorbereiten musste, die er zuvor selbst nie gehört hatte,[102] in

---

[99] *Mommsen, Wolfgang J.*, Einleitung zu MWG I/4, S. 39. Ähnlich Wilfried Nippel: „Weber hatte es von der Jurisprudenz in die Nationalökonomie gedrängt... " Siehe *Nippel, Wilfried,* Max Weber: ‚Nationalökonom und Politiker', in: Geschichte und Gesellschaft, Bd. 20 (1995), S. 281. Werner Gephart spricht von einer „Flucht aus der Jurisprudenz", siehe *Gephart, Werner,* Gesellschaftstheorie und Recht. Das Recht im soziologischen Diskurs der Moderne, Frankfurt a. M. 1993, S. 427. Martin Riesebrodt hat den Wechsel in das andere Fach sogar noch vorverlegt: „Mit ihm (dem Text der Ausarbeitung zur Landarbeiterenquete, K. B.) ... vollzieht der Jurist Max Weber seinen Wechsel in das Fach der Nationalökonomie ..." *Riesebrodt, Martin,* Vorwort zu MWG I/3, S. VII.

[100] Soweit ich sehe erstmals öffentlich in der am 17. Mai 1894 publizierten Rezension des Naumann-Buches „Was heißt Christlich-sozial?", in: MWG I/4, S. 351.

[101] Hierauf verweist auch *Wolfgang J. Mommsen,* Einleitung zu MWG I/4, S. 41 – ohne allerdings meine Schlussfolgerungen mit zu vollziehen. Keith Tribe führt in einer Übersicht über Webers Freiburger Lehrtätigkeit nur die wirtschaftswissenschaftlichen Veranstaltungen auf. Vgl. *Tribe, Keith,* Strategies of Economic Order. German economic discourse, 1750–1950, Cambridge 1995, S. 83.

[102] *Weber, Marianne,* Lebensbild, S. 213. Ich vermute, dass dieser von Marianne Weber als „scherzende Übertreibung" ihrem Manne zugeschriebene Ausspruch ernst

Freiburg auch handelsrechtliche Praktika abgehalten und sogar zweimal, einmal 4stündig und einmal 5stündig, die „Geschichte des deutschen Rechts" bzw. „Deutsche Rechtsgeschichte" angekündigt. Als er sich in seinem letzten Freiburger Semester in einer Spezialvorlesung zum zweiten Mal mit Börsenfragen beschäftigen wollte, kündigte er die Vorlesung unter dem Titel „Börsenwesen und Börsenrecht (sic!)" an. Seine Hörer sind, wie die erhaltenen Hörgeldlisten zeigen, in allen Vorlesungen weit überwiegend Angehörige der Juristischen Fakultät gewesen,[103] obgleich der Lehrstuhl zunächst zur Philosophischen Fakultät gehörte, bis er – kurz bevor Weber den Ruf nach Heidelberg bekam und nicht zuletzt auf sein Betreiben – in die umbenannte „Rechts- und Staatswissenschaftliche Fakultät" überging.

Es ist erstaunlich, wie löchrig bislang die Biographien und die Darstellungen der intellektuellen Entwicklung Max Webers sind. Aber es scheint doch möglich, das Rätsel der Hinwendung Max Webers zum Thema Börse wenigstens in Ansätzen zu lösen und eine plausible Geschichte zu erzählen. Man muss sich nur mehr auf die Herkunft, auf den Juristen Max Weber einlassen.[104] Es gibt

---

zu nehmen ist. Es wird sich aber nie eindeutig klären lassen, in welchem Umfang Max Weber Nationalökonomie studiert hat. Ich veranschlage sein Interesse während seiner Studienzeit als gering. Dem stehen auch nicht die brieflichen Äußerungen über seinen Besuch einer Vorlesung bei Karl Knies entgegen. Am 12. Februar 1883 schreibt Max Weber an seinen Vater: „Bei Knies wird Nationalökonomie und Finanzwissenschaft, *die ich doch mal hören muss*, wenn nicht interessant, was der Stoff wohl verhindert, doch jedenfalls gründlich betrieben." (Hervorhebung K.B.) *Weber*, Jugendbriefe, a. a. O., S. 71. Studenten der Rechtswissenschaft, die in Preußen das erste Staatsexamen ablegen wollten, mußten hierzu den Besuch einer (beliebigen) staatswissenschaftlichen Vorlesung nachweisen. Geprüft wurde dieses Fach nicht.

[103] Die – regelmäßig wenigen – Studenten, die in den Hörerlisten nicht als Juristen bezeichnet waren, verteilten sich auf Cameralisten, Philosophen (in der Regel weniger als 3), Chemiker, Mediziner und Studenten ohne Fakultätsangabe. Bemerkenswerte Namen in den Listen: Paul Jaffé (jur.), Robert Liefmann (jur.), Hugo Sinzheimer (jur.), Moritz Bonn (jur.), Gustav Sieveking (jur.), Rudolf Weyermann (jur.), Theodor von Ungern-Sternberg (jur.). Die im WS 1895/96 gehaltene Vorlesung „Geld-, Bank- und Börsenwesen" war diejenige mit dem größten Anteil an Nichtjuristen unter den zahlenden Hörern, darunter auch drei Theologen.

[104] In andere Richtung geht noch Wilhelm Hennis, wenn er schreibt: „Es ist für das Hineinfinden in Webers Interessen, die Orientierung seines Denkens nun überaus interessant, einmal genauer festzustellen, was Weber während seines Lebens denn ‚an

meiner Meinung nach deutliche Anhaltspunkte dafür, dass Weber in Freiburg noch den Versuch unternommen hat, beiden Disziplinen bzw. Diskurszirkeln anzugehören. Nicht nur die Börsenschriften sind dafür ein besonders wichtiger Beleg.[105] Weber selbst hat 1894 in einem bemerkenswerten Brief an Friedrich Althoff als einzig erheblichen Grund dafür, den Ruf nach Freiburg anzunehmen, den problematischen Charakter seiner zukünftigen Lage genannt: „Bei der Eigenart der Fächer, für welche combiniert ich mich interessiere, kann ich mir nicht verhehlen, dass nicht leicht innerhalb der juristischen Fakultät ein als *Lebens*stellung auszugestaltender Platz jemals für mich zu finden sein würde."[106] Als Mann zwischen den Fächern haben ihn auch Zeitgenossen gesehen. So schrieb Adolph Wagner, als Weber im Dezember 1896 den Ruf auf den Lehrstuhl von Karl Knies in Heidelberg erhielt, einem jüngeren Kollegen: „Max Weber schätze ich sehr. Mit seiner gediegenen juristischen Kenntnis paßt er wohl zum Nachfolger des Verfassers von ‚Geld und Kredit'."[107] Aber in Heidelberg hat Weber – anders als in Freiburg – keine juristische Lehrveranstaltung

---

Juristischem' geschrieben hat. Ich hoffe, nichts zu übersehen und komme zu dem Ergebnis, daß er zu dem, was die Juristen *de lege lata* nennen, kaum eine Zeile beisteuert. Dissertation und Habilitationsschrift behandeln rechts*historische* Fragen, die für ihn nie an Interesse verlieren werden, aber alles, was er im engeren Umkreis des Rechts zu Papier bringt, ist rechts*politischer* Natur, wird aus der Warte des möglichen Gesetzgebers, *de lege ferenda*, geschrieben." *Hennis, Wilhelm*, Eine „Wissenschaft vom Menschen". Max Weber und die deutsche Nationalökonomie der Historischen Schule, in: *Mommsen, Wolfgang J.*, und *Wolfgang Schwentker* (Hrsg.), Max Weber und seine Zeitgenossen, Göttingen 1988, S. 44 f; wieder abgedruckt in *Hennis, Wilhelm*, Max Webers Fragestellung. Studien zur Biographie des Werks, Tübingen 1987, S. 121. Hier wirkt sich noch das traditionelle Übersehen der Börsenschriften aus. In ihnen ist natürlich sehr viel über das geltende Recht und über Rechtsdogmatisches zu finden.

[105] Auch die Medien, in denen Weber publiziert, liefern ein Indiz. Nicht nur das „Hauptwerk", die „Ergebnisse der deutschen Börsenenquete", ist in einer juristischen Zeitschrift erschienen. Der wichtige Aufsatz „Die technische Funktion des Terminhandels" ist im ersten Jahrgang der gerade begründeten Deutschen Juristenzeitung veröffentlicht worden. Siehe MWG I/5, S. 591 ff.

[106] Brief Max Webers an Friedrich Althoff vom 3. April 1894, *Weber*, Briefe 1911–1912 (MWG II/7) S. 291. Hervorhebung K.B.

[107] Brief von Adolph Wagner an Wilhelm Stieda, vgl. *Wagner, Adolph*, Briefe, Dokumente, Augenzeugenberichte 1851–1917, ausgewählt und eingeleitet von *Heinrich Rubner*, Berlin 1978, S. 310.

mehr angeboten. Mit der Annahme des Rufs nach Heidelberg scheint das Experiment, zwei Herren zu dienen (und der Versuch, damit vielleicht auch die akademische Zukunft offen zu halten), endgültig beendet worden zu sein – aber, wie sich rasch zeigte, keineswegs erfolgreich.

VI.

Damit bin ich bereits in die Behandlung der dritten Frage eingetreten. Hat das Verstummen Max Webers, hat – um in der Sprache Marianne Webers zu reden – der „Absturz"[108] alsbald nach Fertigstellung der letzten Börsentexte etwas mit dem Ende dieser Eruption selbst zu tun?[109] Mehr noch als hinsichtlich der ersten beiden Rätsel bewege ich mich nun im Spekulativen. Aber ich möchte mir erlauben, zumindest auf den Ernst der Frage hinzuweisen.

Zunächst einige Tatsachen. Noch bevor Max Weber seine Aufsatzfolge über die „Ergebnisse der deutschen Börsenenquete" beendet hatte, ist im Juni 1896 das Börsengesetz mit überwältigender Mehrheit der Abgeordneten, darunter auch der nationalliberalen, im Reichstag verabschiedet worden. Damit erwies sich Webers Riesenarbeit, die ja der Fundierung einer ausgiebigen fachlichen und politischen Diskussion *vor* der Inangriffnahme der Reformen hatte dienen sollen, als praktisch vergebens.[110]

---

[108] *Weber, Marianne*, Lebensbild, S. 239.

[109] In der Literatur finden sich unterschiedliche Angaben über den Beginn der Krankheit Max Webers. Die Spanne reicht von Spätsommer 1897 bis 1899.

[110] Anders ist die Frage zu beurteilen, ob sich nicht einige Ideen Webers im Verlauf der mehrjährigen Erörterungen über eine Novellierung des Börsengesetzes durchgesetzt haben. In der Auseinandersetzung finden sich häufig Formulierungen, die an Weber erinnern, z. B. die des preußischen Handelsministers Möller im Reichstag: „Die Furcht vor Schäden, die der Kapitalismus zu bringen zweifellos imstande ist, darf uns nicht abhalten zu erkennen, dass eine kräftige Börse uns notwendig ist, um den gigantischen Kampf, den wir heute nun einmal mit der ganzen Welt zu führen haben, wirksam zu führen." Sten. Ber., 11. Legislaturperiode, I. Session 1903/4, S. 2434. In seiner Regierungserklärung vom 26. Februar 1907 bezeichnete Reichskanzler Bülow es als Ziel der Novellierung, „dass unser Kapitalmarkt gekräftigt wird, und dass unsere Börse in den Stand gesetzt wird, ihrer Aufgabe als wichtiges nationales Wirtschaftsinstrument gegenüber den Börsen des Auslands *besser* als bisher gerecht zu werden." Siehe hierzu Einleitung zu MWG I/5 S. 90 f. – Die Wahrscheinlichkeit, dass der

Unmittelbar nach den Entscheidungen des Reichstags hat Weber – durchaus in Übereinstimmung mit den Vertretern der preußischen Regierung und der Reichsämter bei ihren Stellungnahmen in Reichstag und Bundesrat[111] – das (einseitige) Verbot des Börsentermingeschäfts in Getreide in seinen Veröffentlichungen scharf kritisiert.[112] Möglicherweise ist er unter anderem auch deshalb im November 1896 vom Reichsamt des Innern als einer von zwei Wissenschaftlern in den provisorischen Börsenausschuss, von dem schon die Rede gewesen ist, berufen worden.[113] Der Ausschuss sollte zunächst eine Vorlage des Bundesrats hinsichtlich gewisser Durchführungsbestimmungen betreffend die Zulassung von Wertpapieren zum Börsenhandel für das am 1. Januar 1897 in Kraft tretende Börsengesetz beraten und gegebenenfalls Empfehlungen geben. Sodann hatten aber der Bund der Landwirte und der Deutsche Landwirtschaftsrat gefordert, dieser Ausschuss solle sich auch mit Maßnahmen beschäftigen, die angesichts bereits erkennbarer Umgehungsstrategien der Börsianer die Einhaltung des im Reichstag beschlossenen Verbots des Getreideterminhandels auch wirklich sicherstellten. In direkter Konfrontation mit den Spitzen der börsenfeindlichen Agrarlobby erreichte Max Weber im provisorischen Börsenausschuss den Höhepunkt seiner börsenpolitischen Wirksamkeit. Zugleich legte er aber den Grund für die nächste herbe Enttäuschung. Denn die – nicht nur von ihm – erwartete Berufung in den vom Börsengesetz vorgesehenen (definitiven) Börsenausschuss blieb aus, vornehmlich wegen Interventionen

---

preußische Handelsminister Theodor Möller Webers Ansichten kannte, wird erhöht, wenn man berücksichtigt, dass eine Cousine Webers mit einem Bruder des Ministers verheiratet war. Weber nannte auch in öffentlicher Rede den Minister seinen „Vetter". Vgl. MWG I/8 S. 273.

[111] Die Verabschiedung des Börsengesetzes ist eines der bemerkenswertesten Beispiele der Parlamentarisierung des Reiches.

[112] „Die agrarischen Interessenvertreter bedurften dieses Beschlusses stupiden Wählermassen gegenüber, ‚ut aliquid factum esse videatur.' Auch glaubte ein Teil von ihnen wohl wirklich an die spezifische Verderblichkeit des Terminhandels als solchen.... Ein kläglicheres Schauspiel, als es in der Börsenfrage diejenigen Parteien geboten haben, welche heute am bereitesten sind, überall ‚Kathedersozialismus' und ‚Kapitalfeindschaft' auf den deutschen Lehrstühlen zu wittern und zu denunzieren, kann kaum erdacht werden." *Weber*, Die technische Funktion des Terminhandels, MWG I/5 S. 495.

[113] Siehe hierzu auch Einleitung zu MWG I/5, S. 105, und Editorischer Bericht zu *Weber*, Ergebnisse, MWG I/5 S. 658 ff.

von agrarischer Seite.[114] Weber musste sich zurückgesetzt und von der einzigen Institution ausgeschlossen fühlen, von der künftig Börsenfragen sachkundig beraten und vorentschieden werden würden. Sein Sachverstand war im politischen Raum nicht mehr gefragt. Zugleich erwies sich seine Kennerschaft in Börsendingen in Hinblick auf die Geltung in der Wissenschaft als nicht mehr besonders förderlich. Es gehörte nicht viel Vorhersagekraft dazu, um zu begreifen, dass das Thema Börse rasch auch an wissenschaftlichem Interesse verlieren würde. Alles Wesentliche schien gesagt. Die Grundfragen hatte der Gesetzgeber entschieden. Zwar gab es während des ganzen Jahres 1897 noch massive Auseinandersetzungen um einen Streik der Börsianer gegen das Gesetz; aber das war nun Sache der Staatsgewalt und der Verwaltungsgerichte.[115] Natürlich hätte sich Weber noch länger mit dem Börsenwesen beschäftigen können. Er hätte zum Beispiel seine Artikel im Handwörterbuch der Staatswissenschaften überarbeiten und aktualisieren können. Aber das war eher Kärrnerarbeit. Wissenschaftlicher Fortschritt war hier nicht zu erwarten. Bei den Nationalökonomen, denen sich Weber nach dem Wechsel nach Heidelberg definitiv zugehörig fühlen musste, wurde das Thema Börse wieder zum Randthema. Daran haben auch Webers Arbeiten nichts ändern können. Mit weiteren Bemühungen auf diesem Gebiet liess sich keine besondere Anerkennung *als Nationalökonom*, gar eine herausragende Stellung gewinnen.

Freilich, so ganz ohne interessante wissenschaftliche Perspektiven war der Gegenstand nicht. Wenn sich Max Weber z.B. darauf eingelassen hätte, ein Versprechen zu erfüllen, das er im zweiten Börsenheft in der Göttinger Arbeiterbibliothek gegeben hat, wäre ein neuer Frage-Horizont eröffnet worden. In „Die Börse II" schrieb Weber in einer Fußnote: „Wesentlich nur die Verkehrsformen sind erörtert. Die Funktionen der großen Finanzmächte bleiben besser einer gesonderten Erörterung vorbehalten."[116] Ob

---

[114] Zu den Überlegungen Staatssekretärs von Bötticher zugunsten einer Berufung von Max Weber und zur endgültigen Nichtberücksichtigung siehe Einleitung zu MWG I/5, S. 105 ff.

[115] Zum „Börsenstreik" und seiner Beilegung siehe Editorischer Bericht zu *Weber*, Börsengesetz, MWG I/5 S. 782 ff.

[116] *Weber*, Die Börse II., MWG I/5, S. 619. Jahre später hat Weber bekannt, dass das Thema Banken „fremdeste(s) Gebiet" für ihn sei. Brief an Paul Siebeck vom 17. Juli 1909, in: *Weber*, Briefe 1909–1910, MWG II/6, S. 192.

Weber ernstlich daran gedacht hat, dergleichen selbst zu verfassen, ist nicht bekannt.

Hatte Weber aber in Freiburg die Chance (und den Willen), sich bei der Abarbeitung seiner Verpflichtungen wirklich zu einem Nationalökonomen, gar zu einem solchen moderner, d.h. stärker systematisch-theoretischer Prägung auszubilden? Seit einigen Jahren lenken vor allem Wilhelm Hennis, Keith Tribe und Heino Nau die Aufmerksamkeit auf den Nationalökonomen Max Weber.[117] Ich möchte derartige Bemühungen nicht grundsätzlich kritisieren, sondern nur ein Fragezeichen dahinter setzen. Eine gründlichere Betrachtung soll an anderer Stelle folgen.

Gewiss: Weber hat in Freiburg regelmäßig die erforderlichen nationalökonomischen Standardvorlesungen angekündigt. Ein Konvolut von Manuskripten zu verschiedenen Vorlesungen soll im Rahmen der Editionsarbeiten für die MWG erschlossen werden.[118] Die Ergebnisse werden mit Spannung erwartet. Einstweilen liegt als Wiederabdruck ein „Grundriss zu den Vorlesungen über Allgemeine (‚theoretische') Nationalökonomie" aus dem Jahr 1898 vor.[119] Die mehr als 500 Titel umfassenden Literaturangaben sind verschiedentlich schon als Belege für Webers perfekte Beherrschung des Faches bzw. seine ausgezeichneten Kenntnisse verwendet worden.[120] Doch bedarf die Aussagekraft des Literatur-

---

[117] Vgl. *Hennis, Wilhelm*, Max Webers Fragestellung. Studien zur Biographie des Werks, Tübingen 1987, vor allem S. 117–166; *ders.*, Max Webers Wissenschaft vom Menschen. Neue Studien zur Biographie des Werks, Tübingen 1996; *Tribe, Keith* (Hrsg.), Reading Weber, London and New York 1989; *ders.*, Historical Economics, the Methodenstreit, and the economics of Max Weber, in: *ders.*, Strategies of Economic Order. German economic discourse, 1750–1950, Cambridge 1995, S. 66–94; *Nau, Heino Heinrich*, Eine „Wissenschaft vom Menschen". Max Weber und die Begründung der Sozialökonomik in der deutschsprachigen Ökonomie 1871 bis 1914, Berlin 1997.

[118] Die Veröffentlichung ist in Abteilung III: Vorlesungen vorgesehen.

[119] *Weber*, Grundriss zu den Vorlesungen über Allgemeine („theoretische") Nationalökonomie (1898), Tübingen 1990.

[120] Siehe *Hennis, Wilhelm*, Max Webers Fragestellung, Tübingen 1987, S. 127; *Tribe, Keith* (Hrsg.), Reading Weber, London and New York 1989, S. 8. Doch räumt Wilhelm Hennis ein, dass Weber „zur ökonomischen ‚Theorie' in dem Sinne, wie Menger und der von Weber geschätzte junge Josef Schumpeter sie betrieben hat", nichts beigetragen habe. Vgl. *Hennis, Wilhelm*, „Die volle Nüchternheit des Urteils". Max Weber zwischen Carl Menger und Gustav Schmoller. Zum hochschulpolitischen

verzeichnisses als Dokument Weberschen Wissens noch weiterer Diskussionen.[121]

Aus dem Munde Dritter wissen wir leider über Webers Vorlesungstätigkeit wenig. Einer seiner ersten Doktoranden, Robert Liefmann, später ein bedeutender Wirtschaftstheoretiker und Wirtschaftspolitiker, schrieb in seiner (1924 veröffentlichten und somit der kritischen Überprüfung durch die Zeitgenossen unmittelbar zugänglichen, vermutlich gerade in diesem Punkt nicht leichtsinnig formulierten) Selbstbiographie: „Weber war damals noch reiner Historiker und, wie immer, ganz unsystematisch."[122]

Hintergrund des Wertfreiheitspostulats, in: *Hennis, Wilhelm,* Max Webers Wissenschaft vom Menschen, Tübingen 1996, S. 116f.

[121] Dass Weber in seine Liste auch jüngst erschienene wirtschaftstheoretische Literatur aufgenommen hat, entsprach dem Brauch. Auch in dem etwa zur gleichen Zeit publizierten Grundriss Adolph Wagners zu seinen Vorlesungen „Allgemeine Volkswirtschaftslehre. (Theoretische National-Oekonomie. Grundlegung und Ausführung)" finden sich z.B. die Werke der österreichischen Theoretiker, einschließlich Auspitz und Lieben (1889) sowie Alfred Marshall (1891), William Stanley Jevons und Léon Walras (diese jeweils mit mehreren Titeln), zudem die Methodenschrift von John Neville Keynes (1891). – Bei realistischer Einschätzung der Lesefähigkeiten von Max Weber wird man ausschließen müssen, dass er – auch durch die Börsenschriften und andere Aktivitäten beansprucht – von 1894 bis 1897 das meiste von der angegebenen Literatur selbst gelesen, geschweige denn durchgearbeitet hat.

[122] *Liefmann, Robert,* Robert Liefmann, in: *Felix Meiner* (Hrsg.), Die Volkswirtschaftslehre der Gegenwart in Selbstdarstellungen, Leipzig 1924, S. 157. Zu Weber als Betreuer seiner Doktorarbeit schreibt Liefmann: „Immerhin setzte ich angeborene theoretische Neigungen auch bei der Behandlung meines Doktor-Themas (Die Unternehmerverbände (Konventionen, Kartelle), ihr Wesen und ihre Bedeutung, K.B.) gegenüber Max Weber durch, der stets nur an eine historisch-deskriptive Darstellung der Kartelle gedacht hatte. Meine Opposition und die Vertretung meiner theoretischen Gedanken wagte ich oft nur schriftlich Weber vorzulegen, der, obwohl er sich nur schwer in fremdes Denken einfühlen konnte, doch von größter Liebenswürdigkeit war." Ebd. S. 158. Hierzu korrespondiert das Gutachten Webers zur Doktorarbeit Robert Liefmanns, aus dem Textteile abgedruckt sind in: *Hennis, Wilhelm,* Max Webers Wissenschaft vom Menschen, Tübingen 1996, S. 118, Fußnote 10. – Siehe auch die Bemerkungen des späteren Berliner Ordinarius Hermann Schumacher, auf dessen Arbeiten über die amerikanischen Warenbörsen sich Max Weber in seinen Börsenschriften wiederholt berufen hat, der aber nicht sein Schüler gewesen ist: „Dort (in Freiburg, K.B.) wartete seiner eine schwierige Aufgabe. Er musste ein Fach, dem er zwar ein starkes Interesse, aber nie eine systematische Pflege gewidmet hatte, vertreten und stellte dabei in gewohnter Weise sehr hohe Anforderungen an sich selbst. Er wollte neue Wege wandeln und alle Fragen universalgeschichtlich für alle Zeiten und

Es scheint mir bezeichnend, dass Max Weber, als er im Sommer 1897 die Beschäftigung mit der Börse abgeschlossen hat, sich noch keinem neuen ökonomischen Thema zugewendet hatte. Vielmehr befasste er sich im Anschluss an einen Vortrag über „die sozialen Gründe des Untergangs der antiken Kultur"[123] neuerlich mit dem Problemkreis seiner Habilitationsschrift, der Geschichte der römischen Agrarverfassung, und schrieb den schon erwähnten Artikel „Agrarverhältnisse im Altertum" für das Handwörterbuch der Staatswissenschaften.[124]

Marianne Weber und andere haben den Zusammenbruch Webers auf seine Überarbeitung zurückgeführt.[125] Aber gerade im Sommer 1897, als Weber die Korrektur der Druckfahnen an seinen letzten Artikeln zu Börsenfragen durchführt,[126] hatte er eine geringe Last an Lehrveranstaltungen,[127] und es standen, soweit wir wissen,

---

Völker erfassen. So begann ein gewaltiges Ringen mit den Problemen der neuen Wissenschaft. Darin wurzelte die starke Anziehungskraft seiner Vorlesungen. Sie zeigten trotz großer Gelehrsamkeit nie totes Wissen. Aber während in der wissenschaftlichen oder politischen Diskussion W.s Wissen und Wesen sich frei offenbarten, legte der fachwissenschaftliche Zwang einer bestimmten Themenbehandlung seinem beweglichen Geiste auf dem Katheder schwer empfundene Fesseln an. Er wurde mit den selbst gestellten Aufgaben nicht fertig. Mit dem Eindruck einer ungewöhnlichen Persönlichkeit verband sich für die Studenten der Eindruck des Unfertigen und Undurchsichtigen. Es fehlte an festem systematischem Ausbau und abgeklärter Form. Statt eines fertigen Baus ein Haufen zahlloser, reizvoll behauener Bausteine." *Schumacher, Hermann*, Weber, Max, in: Deutsches Biographisches Jahrbuch, hrsg. vom Verbande der Deutschen Akademien. Überleitungsband II: 1917–1920, Stuttgart u. a. 1928, S. 597 f.

[123] *Weber*, Die sozialen Gründe des Untergangs der antiken Kultur, in: Die Wahrheit. Halbmonatsschrift zur Vertiefung in die Fragen und Aufgaben des Menschenlebens, 6. Bd., Mai 1896, S. 57–77 – vorgesehen für MWG I/6.

[124] *Weber*, Agrarverhältnisse im Altertum, in: Handwörterbuch der Staatswissenschaften, 2. Supplementband, Jena 1897, S. 1–18. – Gleichzeitig mit den letzten Arbeiten Max Webers am Thema Börse entstand auch das „Gutachten über die Frage: Empfiehlt sich die Einführung eines Heimstättenrechtes, insbesondere zum Schutz des kleinen Grundbesitzes gegen Zwangsvollstreckung?" In: Verhandlungen des 24. Deutschen Juristentages, Berlin (29. Juli) 1897, siehe MWG I/4, S. 641 ff.

[125] *Weber, Marianne*, Lebensbild a. a. O. S. 207 ff., S. 239 ff.

[126] Die Artikel „Börsengesetz" und „Wertpapiere (Aufbewahrung)" für den 2. Supplementband des Handwörterbuchs der Staatswissenschaften, siehe MWG I/5, S. 779 ff. und 870 ff.

[127] Max Weber hält eine Vorlesung, die er schon mehrfach in Freiburg gelesen hat (Allgemeine – theoretische – Nationalökonomie) und ein Seminar.

keine großen wissenschaftlichen Aufgaben (Verpflichtungen) vor ihm.[128] Stimmt es vielleicht doch, dass er die geradezu wütende Arbeit immer gebraucht hat – und nun wieder vor einer gewissen Leere erschrickt?[129] Dass er insbesondere auch unsicher ist über seinen weiteren Weg als Nationalökonom? In diesem Moment rettet Weber kein Auftrag von außen als helfende Anregung zu einer neuen „Eruption." Aber die folgende gesundheitliche Krise scheint ihm die Möglichkeit gegeben zu haben, die Anforderungen an ihn als den Inhaber eines seinen Interessen noch immer nicht recht passenden Lehrstuhls abzuwehren, alte Bahnen zu verlassen und dem Neuen, das unzweifelhaft in ihm vorbereitet war – schon sichtbar auch in den Börsenschriften – zum Ausbruch zu verhelfen.[130]

---

[128] Wolfgang Mommsen, der sich vor allem mit den agrarpolitischen Schriften und der politischen Aktivität Webers befasst hat, meint, Weber habe „eine ganze Reihe von agrarwissenschaftlichen Projekten (gehabt), mit denen er seine agrarpolitischen Forderungen *noch stärker hätte erhärten wollen.*" (Hervorhebung K. B.) Auch ein Projekt „Deutsche Agrargeschichte" soll es gegeben haben. *Mommsen, Wolfgang J.*, Einleitung zu MWG I/4, S. 63. Ähnlich Editorischer Bericht zu *Weber*, Gutachten zu Heimstättenrecht, ebd. S. 643: „Offensichtlich handelte es sich um Zahlenmaterial, das er für eine geplante, aber nie durchgeführte agrarstatistische Arbeit über den landwirtschaftlichen Kapitalismus errechnet hatte." Aber es fehlt an Informationen über konkrete Aufgaben. Auch Marianne Weber macht nur vage Angaben.

[129] 1893 oder 1894 hat Weber der besorgten Frau geschrieben: „Nachdem ich nach jahrelangen Qualen widerwärtiger Art endlich von *Innen* heraus zum Gleichmaß gekommen war, fürchtete ich eine schwere Depression. Sie ist nicht eingetreten, wie ich glaube, weil ich das Nervensystem und das Gehirn durch anhaltendes Arbeiten nicht zur Ruhe kommen ließ. Deshalb u. a. auch – ganz abgesehen von dem Naturbedürfnis nach Arbeit – lasse ich so sehr ungern eine wirklich fühlbare Pause in der Arbeit eintreten, ich glaube, dass ich nicht riskieren dürfte, die eintretende Nervenruhe – denn die genieße ich mit dem Gefühl eines wirklich neuen Glücks – in Erschlaffung sich verwandeln zu lassen, solange ich nicht unzweideutig erkenne, dass das Rekonvaleszentenstadium definitiv überwunden ist." *Weber, Marianne*, Lebensbild a. a. O. S. 208.

[130] In einem seiner letzten Vorträge vor der langen Unterbrechung deutet Max Weber erstmals das Thema an, das später in das Zentrum seines Denkens gerückt ist: „Was hat das Zeitalter des Kapitalismus geleistet? Das Glück hat es nicht in die Welt gebracht, aber es hat den modernen Menschen des Occidents geschaffen. Die Geldwirthschaft an Stelle der Naturalwirthschaft hat die Selbstverantwortlichkeit des einzelnen Individuums geschaffen." *Weber*, Der Gang der wirthschaftlichen Entwicklung. Vortragsreihe in Mannheim nach den Berichten im General-Anzeiger der Stadt Mannheim und Umgebung, Vierter Abend (10. Dezember 1897) „Die geschichtliche Stellung des modernen Kapitalismus", in: MWG I/4, S. 851.